T0198574

Anti-Stress-Trainer

Reihe herausgegeben von
Peter Buchenau
The Right Way GmbH
Waldbrunn, Deutschland

Stress ist in unserem Privat- und Berufsleben alltäglich und ist laut WHO die größte Gesundheitsgefährdung im 21. Jahrhundert. Die durch Stress verursachten Krankheitskosten erreichten bereits jährlich die Milliarden-Euro-Grenze. Jeder Mensch ist aber verschieden und reagiert unterschiedlich auf Stress. Als Ursache lässt sich Stress nicht einfach und oft erst spät erkennen, sodass Prävention und Behandlung erschwert werden. Die Anzahl der durch Stress bedingten Erkrankungen nimmt folglich weiter zu, Ausfälle im Berufsleben sind vorprogrammiert. Die Anti-Stress-Trainer-Reihe setzt sich mit dieser Thematik intensiv in einem beruflichen Kontext auseinander. Initiator Peter Buchenau gibt Experten aus unterschiedlichen Branchen die Möglichkeit, für Ihr jeweiliges Fachgebiet präventive Stressregulierungsmaßnahmen unterhaltsam und leicht verständlich zu beschreiben. Ein kompaktes Taschenbuch von Profis für Profis, aus der Praxis für die Praxis. Leserinnen und Leser, egal ob Führungskräfte, Angestellte oder Privatpersonen, erhalten praxiserprobte Stresspräventionstipps, die in ihrem spezifischen Arbeits- und Lebensumfeld eine Entlastung bringen können.

Weitere Bände in dieser Reihe
http://www.springer.com/series/16163

Nicole Bernstein

Der Anti-Stress-Trainer für Polizisten

Mit Sicherheit entspannter

Mit Beiträgen von Peter Buchenau

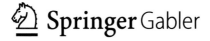

Nicole Bernstein
Hochschule des Bundes für öffentliche Verwaltung
Fachbereich Bundespolizei
Lübeck, Deutschland

Anti-Stress-Trainer
ISBN 978-3-658-12474-8   ISBN 978-3-658-12475-5 (eBook)
https://doi.org/10.1007/978-3-658-12475-5

Die Deutsche Nationalbibliothek verzeichnet diese Publikation in der Deutschen
Nationalbibliografie; detaillierte bibliografische Daten sind im Internet über http://
dnb.d-nb.de abrufbar.

Springer Gabler
© Springer Fachmedien Wiesbaden GmbH, ein Teil von Springer Nature 2020

Coverdesign: deblik Berlin

Springer Gabler ist ein Imprint der eingetragenen Gesellschaft Springer Fachmedien
Wiesbaden GmbH und ist ein Teil von Springer Nature.
Die Anschrift der Gesellschaft ist: Abraham-Lincoln-Str. 46, 65189 Wiesbaden,
Germany

„Zum Bild einer Persönlichkeit gehört, dass sie zu uns spricht,
auch wenn sie nichts sagt.“
Paul Schilbler, Schweizer Aphoristiker, 1930 bis 2015

Vorwort

Wozu benötigen Einsatzkräfte der Gefahrenabwehr einen Anti-Stress-Trainer? Die Antwort auf diese Frage hat zwei Seiten: Als Teile staatlicher Organe sollen oder besser müssen Einsatzkräfte in Extremsituationen zum Wohle der Menschen „funktionieren", und als Menschen sollten sie möglichst lange gesund und fröhlich leben. Beide Ziele können durch eine entsprechende lebenslange Aus- und Fortbildung erreicht werden.

Wie erfolgreich stressresistente Menschen agieren können, zeigte die Notwasserung eines Airbus A320 der US Airways auf dem Hudson River bei New York City. Am 15. Januar 2009 gegen 15:27 (EST) starte Flug UA 1549 vom Flughafen LaGuardia, New York City, auf seinem Weg nach Charlotte Douglas International Airport. Weniger als zwei Minuten nach dem Start informierte der Kapitän den Tower über den Ausfall beider Triebwerke aufgrund von Vogelschlag. Er erkannte unmittelbar, dass eine Rückkehr zum Flughafen ausgeschlossen war und entschloss sich, im Hudson River notzulanden. Die vorhandenen Standardeinsatzregeln für das Landen ohne Triebwerke gingen davon aus, dass sich das Flugzeug auf Reisehöhe befindet und somit deutlich mehr Zeit zur Vorbereitung zur Verfügung steht, als es hier der Fall war.

Alle 155 Passagiere und Crewmitglieder konnten sicher evakuiert werden.

Folgendes wurde im „U.S.NRC Safety Culture Communicator", vom August 2011 festgestellt:

- Die Cockpitcrew evaluierte sehr schnell die Situation richtig und führte parallel sehr schnell die notwendigen Maßnahmen durch. Gleichzeitig dazu bereitete die Cabincrew die Passagiere auf die Notlandung vor. (Die Zeit zwischen dem Ausfall der Triebwerke und der Notwasserung betrug weniger als 4 Minuten.)
- Die einzelnen Maßnahmen von Pilot, Copilot, Flugbegleitern, Passagieren und Rettungsteams sowie deren erfolgreiches Zusammenspiel waren entscheidend für den Erfolg.
- Der Co-Pilot ergriff sofort die entsprechende Checkliste und folgte den entsprechenden Anweisungen.
- US Airways Crew Resource Management und Treat Error Management ist in allen Aspekten des jährlichen Trainingsplans implementiert.

  Nach Aussage des Piloten war dieses Training die Grundlage, schnell ein Team zu bilden, das offen kommunizierte, gemeinsame Ziele besaß und zusammenarbeitete.
- Ein wesentlicher Bestandteil des Trainings beinhaltet Kommunikationstechniken: Bedenken und Probleme klar und deutlich zu kommunizieren, damit sich jeder einer Lösung verpflichtet. (Wissenschaftliche Untersu-

chungen haben gezeigt, dass häufig Unterstellte aus falsch verstandenem Autoritätsglauben davor zurückschrecken, ihre Vorgesetzten zu korrigieren. Das Crew Resource Management Training ermutigt jeden, Sicherheitsbedenken ohne Angst vor Repressalien zu äußern.)

- Die Kommunikation im Cockpit war vorbildlich. Die Crew gab nur relevante Meldungen an den Tower weiter. Keine unnötigen Informationen, die den Stress nur erhöht hätten, wurden übermittelt.
- Jeder artikulierte deutlich den Unterschied zwischen „Was ist passiert" und „Was hat nun zu passieren". Dies ist auch Bestandteil des Trainings.

Diese Erkenntnisse lassen sich auf den Polizeialltag übertragen:

Jede Polizistin und jeder Polizist – nicht nur die Spezialkräfte – kann in jeder Minute vor eine extreme Situation gestellt werden, in dem ihr bzw. sein „Funktionieren" unser aller Leben rettet oder eben nicht.

- Jede Polizistin und jeder Polizist muss als Teil des gesamten Einsatzteams ihren bzw. seinen Auftrag erfolgreich ausführen, in den Leitstellen, an den Straßensperren oder innerhalb eines Schulgebäudes während eines Amoklaufes.
- Standardeinsatzregeln, situationsbedingt richtig angewandt, helfen.
- Häufige und lebenslange Schulungen, die besonders die Soft Skills wie „Zusammenarbeit" und „offene Kommunikationskultur über Hierarchieebenen hinweg" beinhalten, sind erfolgsentscheidend.
- Nur wenn wir „Passagiere" der Polizeien, wir Bürger, den Polizistinnen und Polizisten vertrauen und mit ihnen

störungsfrei zusammenarbeiten, können Extremsituationen überwunden werden.

Als kleiner Junge besuchte ich regelmäßig meine Großeltern in Rickensdorf. Ihre einzige Toilette war ein Plumpsklo auf dem Hof – für mich ein tiefes, dunkles nicht zu ergründendes, auch etwas unheimliches Etwas. Dies Klo musste regelmäßig geleert werden, damit es nicht überläuft und eine große Sauerei verursacht. Mir scheint dies eine gute Analogie für die menschliche Seele: Das Leben lädt tagtäglich seine Notdurft in ihr ab. In der Regel recht gleichmäßig. Aber gelegentlich bekommt auch das Leben mal eine Magen-Darm-Grippe und lädt Unmengen in der Seele ab. Opa Rickensdorf hatte also zwei „Standard Operation Procedures" parat: einmal eine regelmäßige Entleerung, damit der Pegel der Belastung nie zu groß wird und noch eine ausreichende Kapazität vorhanden bleibt, und ein By-Pass-System zu einer Notgrube für den Notfall.

Als Vorgesetzter von Feuerwehr- und Rettungsdiensteinsatzkräften habe ich beides erlebt: die Belastungen durch die tagtäglichen Einsätze, die Konfrontation mit den kleinen und größeren Leiden unser Mitmenschen und die Belastungen durch außergewöhnliche Großschadenslagen und deren Folgen. Manche Kollegin bzw. manch Kollege wurde ganz langsam, aber stetig vom Stress aufgefressen und dienstuntauglich, andere erlitten posttraumatische Belastungsstörungen. Beiden Gruppen war eines gemeinsam: Ihr Leben war nachher deutlich weniger lebenswert.

Was fordere ich nun mit diesen beiden Beispielen im Hinterkopf?

1. Jede Polizistin und jeder Polizist muss sich schon vor dem Ergreifen des Berufes im Klaren sein, dass sich ihr bzw. sein Leben ändern wird, dass sie sich durch den Beruf verändern werden, dass sie nie wieder so werden, wie

sie vorher waren, dass sie unbeschreibliches Leid sehen
werden, dass sie bespuckt und beschimpft werden, dass
sie angegriffen und unter Umständen getötet werden.
Wir erwarten von ihnen, dass sie ihre Gesundheit und
ihr Leben für uns aufs Spiel setzen.

2. Jede Person, die sich in unserem „Flugzeug" Deutschland befindet, ist ein „Passagier" und die „Flight Atten-
dants" der Polizeien müssen sie wie Gäste behandeln,
egal wie sie sich verhalten, ob sie unsere Sprache oder
unsere Kultur verstehen.

3. Vorgesetzte unserer Polizistinnen und Polizisten, die
durch ihr Handeln nicht auch noch Ballast in deren
Seele abladen, sondern im besten Fall für eine stetige
Entleerung des „Plumpsklo" sorgen.

4. Jede und jeder von uns „Passagieren", egal aus welchem
Teil dieser Welt sie oder er kommt, muss allen „Crew-
mitgliedern" gegenüber respektvoll und höflich auftreten und deren Arbeit wertschätzen. Sie tun ihre Arbeit
für uns und in unserem Auftrag. Wir haben die deutschen Gesetzte mittels der von uns gewählten Abgeordneten bestimmt. Und wenn wir uns aufgrund eigenen
Stresses oder erlittenen Leides einmal nicht mehr im
Griff haben und uns daneben benehmen, erwarte ich
von den Polizistinnen und Polizisten, dass sie dies verstehen und von uns, dass wir uns im Nachhinein auf-
richtig entschuldigen.

5. Ich fordere keine bessere Bezahlung für die Polizistinnen
und Polizisten, denn die Rettung meines Lebens bzw.
ein gesundes, fröhliches, zufriedenes Leben der Polizistinnen und Polizisten sind unbezahlbar.

Ich wünsche den Polizistinnen und Polizisten möglichst
viele glückliche Momente in ihren Arbeitsleben: Momente,
in denen sie uns helfen können, in denen sie von uns mal
unerwartet und einfach, weil sie es verdient haben, ein

„Danke schön" bekommen oder in denen wir uns schüt-
zend vor sie stellen, wenn sie unfair kritisiert werden. Diese
Glücksmomente sind die besten Anti-Stressoren.

Da aber gute Vorbereitung die Grundlage für eine erfolg-
reiche Tätigkeit ist, wünsche ich mir als jemand, der auf die
Arbeit der Polizei angewiesen ist und als Mitmensch und
Freund vieler Polizistinnen und Polizisten, dass viele Frau
Bernsteins Anti-Stress-Trainer zu ihrem und meinem Wohle
lesen werden.

Glück Auf!

Andreas H. Karsten

Beratung / Coaching / Training

Krisenmanagement, Resilienz, Counter Hybrid Threats

Hamburg, Hamburg, Deutschland

Inhaltsverzeichnis

Über die Autorin

Nicole Bernstein ist seit 1987 Polizeivollzugsbeamtin beim Bundesgrenzschutz/bei der Bundespolizei. Sie wurde seinerzeit als eine der ersten uniformierten Frauen im Bundesgrenzschutz eingestellt, dessen Vollzugsdienst bis dahin ausschließlich den Männern vorbehalten war. Trotz ihres Abiturs war nur eine Bewerbung für den mittleren Polizeivollzugsdienst möglich, da es seinerzeit noch undenkbar war, dass Frauen im gehobenen oder gar im höheren Polizeivollzugsdienst des Bundesgrenzschutzes Verwendung finden. Nach Abschluss ihrer Ausbildung hatte sie die Möglichkeit, sich für den Gruppenführerlehrgang zu qualifizieren, der damals ein Schlüssellehrgang für Führungsfunktionen war. Diesen schloss sie 1991 erfolgreich ab. 1993 bis 1996 absolvierte sie ihren Aufstieg in den gehobenen Polizeivollzugsdienst. Nach unterschiedlichen Verwendungen im gehobenen Dienst schloss sich von 2000 bis 2002 der Aufstieg in den höheren Polizeivollzugsdienst an. Seit 2002 erfolgten dann unterschiedliche Führungs-, Stabs- und Lehrverwendungen im Bundesgrenzschutz, welcher 2005 zur Bundespolizei umbenannt wurde. Von 2010 bis 2014 wurde sie im Wege einer Abordnung beim Bundesamt für Bevölkerungsschutz und Katastrophenhilfe (BBK) verwen-

det. In der Akademie für Krisenmanagement, Notfallpla-
nung und Zivilschutz (AKNZ) war sie als Dozentin mit
den Schwerpunkten Führungs- und Stabslehre tätig. Sie
trainierte dort vorwiegend unterschiedliche Stabsgremien
des gesamten Bevölkerungsschutzes anhand unterschiedlicher Katastrophenszenare.

Seit 2015 ist sie hauptamtlich Lehrende im Fachbereich
Bundespolizei der Hochschule des Bundes für öffentliche
Verwaltung und unterrichtet dort im Studienjahrgang des
gehobenen Polizeivollzugsdienstes Polizeiführungswissen-
schaften.

Sie hält für unterschiedliche Bedarfsträger Vorträge über
Chancen und Risiken von Sozialen Netzwerken, jeweils mit
variierenden inhaltlichen Schwerpunkten. An der AKNZ
ist sie weiterhin als Gastdozentin tätig.

Seit 2014 ist sie Vizepräsidentin und Gründungsmitglied
der Deutschen Gesellschaft zur Förderung von Social Media und Technologie im Bevölkerungsschutz (DGSMTech
e.V.).

Sie war ehrenamtlich im Virtual Operation Support
Team (VOST) des THW tätig. Allerdings musste sie diese
spannende Aufgabe aus zeitlichen Gründen Ende 2018 leider aufgeben.

1

Kleine Stresskunde: Das Adrenalinzeitalter

Peter Buchenau

Das Konzept der Reihe

Möglicherweise kennen Sie bereits meinen Anti-Stress-Trainer [1]. Dieses Kapitel greift darauf zurück, weil das Konzept der neuen Anti-Stress-Trainer-Reihe die Tipps, Herausforderungen und Ideen aus meinem Buch mit den jeweiligen Anforderungen der unterschiedlichen Ziel- und Berufsgruppen verbindet. Die Autoren, die jeweils aus Ihrem Tätigkeitsprofil kommen, schneiden diese Inhalte dann für Sie zu. Viel Erfolg und passen Sie auf sich auf.

Leben auf der Überholspur: Sie leben unter der Diktatur des Adrenalins. Sie suchen immer den neuen Kick, und das nicht nur im beruflichen Umfeld. Selbst in der Freizeit, die Ihnen eigentlich Ruhephasen vom Alltagsstress bringen sollte, kommen Sie nicht zur Ruhe. Mehr als 41 % aller Beschäftigten geben bereits heute an, sich in der Freizeit nicht mehr erholen zu können. Tendenz steigend. Wen wundert es?

Anstatt sich mit Power-Napping (Kurzschlaf) oder Extreme-Couching (Gemütlichmachen) in der Freizeit Ruhe und Entspannung zu gönnen, macht die Gesellschaft

© Springer Fachmedien Wiesbaden GmbH, ein Teil von Springer Nature 2020
N. Bernstein, *Der Anti-Stress-Trainer für Polizisten*, Anti-Stress-Trainer, https://doi.org/10.1007/978-3-658-12475-5_1

vermehrt Extremsportarten wie Fallschirmspringen, Paragliding, Extreme Climbing oder Marathon zu ihren Hobbys. Jugendliche ergeben sich dem Komasaufen, der Einnahme von verschiedensten Partydrogen oder verunstalten ihr Äußeres massiv durch Tattoos und Piercing. Sie hasten nicht nur mehr und mehr atemlos durchs Tempoland Freizeit, sondern auch durch das Geschäftsleben. Ständige Erreichbarkeit heißt die Lebenslösung. Digitalisierung und mobile, virtuelle Kommunikation über die halbe Weltkugel bestimmen das Leben. Wer heute seine E-Mails nicht überall online checken kann, wer heute nicht auf Facebook, Instagram & Co. ist, ist out oder schlimmer noch, der existiert nicht.

Klar, die Anforderungen im Beruf werden immer komplexer. Die Zeit überholt uns, engt uns ein, bestimmt unseren Tagesablauf. Viel Arbeit, ein Meeting jagt das nächste und ständig klingelt das Smartphone. Multitasking ist angesagt und wir wollen so viele Tätigkeiten wie möglich gleichzeitig erledigen.

Schauen Sie sich doch mal in Ihren Meetings um. Wie viele Angestellte in Unternehmen beantworten in solchen Treffen gleichzeitig ihre E-Mails oder schreiben WhatsApp-Nachrichten? Kein Wunder, dass diese Mitarbeiter dann nur die Hälfte mitbekommen und Folge-Meetings notwendig sind. Ebenfalls kein Wunder, dass das Leben einem davonrennt. Aber wie sagt schon ein altes, chinesisches Sprichwort: „Zeit hat nur der, der sich auch Zeit nimmt." Zudem ist es unhöflich, seinem Gesprächspartner nur halb zuzuhören.

Das Gefühl, dass sich alles zum Besseren wendet, wird sich mit dieser Einstellung nicht einstellen. Im Gegenteil: Alles wird noch rasanter und flüchtiger. Müssen Sie dafür Ihre Grundbedürfnisse vergessen? Wurden Sie mit Stress oder Burnout geboren? Nein, sicherlich nicht. Warum müssen Sie sich dann den Stress antun?

Zum Glück gibt es dazu das Adrenalin. Das Superhormon, die Superdroge der High-Speed-Gesellschaft. Bei

Chemikern und Biologen auch unter $C_9H_{13}NO_3$ bekannt. Dank Adrenalin schuften Sie wie ein Hamster im Rad. Schneller und schneller und noch schneller. Sogar die Freizeit läuft nicht ohne Adrenalin. Der Stress hat in den letzten Jahren dramatisch zugenommen und somit auch die Adrenalinausschüttung in Ihrem Körper.

Schon komisch: Da produzieren Sie massenhaft Adrenalin und können dieses so schwer erarbeitete Produkt nicht verkaufen. Ja, nicht mal verschenken können Sie es. In welcher Gesellschaft leben Sie denn überhaupt, wenn Sie für produzierte Güter bzw. Dienstleistungen keine Abnehmer finden?

Deshalb die Frage aus betriebswirtschaftlicher Sicht an alle Unternehmer, Führungskräfte und Selbstständigen: Warum produziert Ihr ein Produkt, das Ihr nicht am Markt verkaufen könnt? Wärt Ihr meine Angestellten, würde ich euch wegen Unproduktivität und Fehleinschätzung des Marktes feuern.

Stress kostet Unternehmen und Privatpersonen viel Geld. Gemäß einer Studie der Europäischen Beobachtungsstelle für berufsbedingte Risiken (mit Sitz in Bilbao) vom 04.02.2008 leidet jeder vierte EU-Bürger unter arbeitsbedingtem Stress. Im Jahre 2005 seien 22 % der europäischen Arbeitnehmer von Stress betroffen gewesen, ermittelte die Institution. Abgesehen vom menschlichen Leid bedeutet das auch, dass die wirtschaftliche Leistungsfähigkeit der Betroffenen in erheblichem Maße beeinträchtigt ist. 60 % der Fehltage gehen inzwischen auf Stress zurück. Stress ist mittlerweile das zweithäufigste, arbeitsbedingte Gesundheitsproblem. Nicht umsonst hat die Weltgesundheitsorganisation WHO Stress zur größten Gesundheitsgefahr im 21. Jahrhundert erklärt und Burnout ab 2022 als eigenständige Erkrankung mit ICD-11-Code anerkannt und genauer spezifiziert [2]. Einem Bericht der Rheinischen Post zufolge betrugen die Produktionsausfallkosten, die der Wirtschaft in Verbindung mit seelischen Leiden der Deutschen entstehen, jedes Jahr mehr als 8 Mrd. EUR. Hinzu kommen noch die Behandlungskosten [3].

1.1 Was sind die Ursachen?

Die häufigsten Auslöser für den Stress sind der Studie zufolge unsicherer Arbeitsverhältnisse, hoher Termindruck, unflexible und lange Arbeitszeiten, Mobbing und nicht zuletzt die Unvereinbarkeit von Beruf und Familie. Neue Technologien, Materialien und Arbeitsprozesse bringen der Studie zufolge ebenfalls Risiken mit sich.

Meist Arbeitnehmer, die sich nicht angemessen wertgeschätzt fühlen und auch oft unter- beziehungsweise überfordert sind, leiden unter Dauerstress. Sie haben ein doppelt so hohes Risiko, an einem Herzinfarkt oder einer Depression zu erkranken. Anerkennung und die Perspektive, sich in einem sicheren Arbeitsverhältnis weiterentwickeln zu können, sind in diesem Umfeld viel wichtiger als nur eine angemessene Entlohnung. Diesen Wunsch vermisst man meist in öffentlichen Verwaltungen, in Behörden sowie Großkonzernen. Gewalt und Mobbing sind oft die Folge.

Gerade in Zeiten von Fachkräftemangel fehlt den Unternehmen qualifiziertes Personal. Hetze und Mehrarbeit aufgrund von Arbeitsverdichtung sind die Folge. Viele Arbeitnehmer leisten massiv Überstunden. 59 % haben Angst um ihren Job oder ihre Position im Unternehmen, wenn sie diese Mehrarbeit nicht erbringen, so die Studie.

Weiter ist bekannt, dass Druck (also Stress) Gegendruck erzeugt. Druck und Mehrarbeit über einen langen Zeitraum führen somit zu einer Produktivitäts-Senkung. Gemäß einer Schätzung des Kölner Angstforschers Wilfried Panse leisten Mitarbeiter schon lange vor einem Zusammenbruch 20 bis 40 % weniger als gesunde Mitarbeitende.

Wenn Vorgesetzte in diesen Zeiten zudem Ziele schwach oder ungenau formulieren und gleichzeitig Druck ausüben, erhöhen sich die stressbedingten Ausfallzeiten, die dann von den etwas stressresistenteren Mitarbeitern aufgefangen werden müssen. Eine Spirale, die sich immer tiefer in den Abgrund bewegt. Im Psychoreport der Deutschen Angestellten Krankenkasse (DAK) 2019 steigt die Zahl der psychischen Erkrankungen massiv an. Gegenüber 1997 hat sich die Anzahl der Fehltage mehr als verdreifacht. Ein deutlicher Anstieg ist sowohl bei Frauen als auch u. a. in der Öffentlichen Verwaltung und im Gesundheitswesen zu verzeichnen [4]. Gemäß einer Studie des Deutschen Gewerkschaftsbunds (DGB) bezweifeln 30 % der Beschäftigten, ihr Rentenalter im Beruf zu erreichen. Frühverrentung ist die Folge. Haben Sie sich mal für Ihr Unternehmen gefragt, wie viel Geld Sie in Ihrem Unternehmen für durch Stress verursachte Ausfallzeiten bezahlen? Oder auf den einzelnen Menschen bezogen: Wie viel Geld zahlen Sie für Ihre Krankenversicherung und welche Gegenleistung bekommen Sie von der Krankenkasse dafür? Vielleicht sollten die Krankenkassen verstärkt in die Vermeidung Stress verursachender Aufgaben und Tätigkeiten investieren, anstatt Milliarden unüberlegt in die Behandlung von gestressten oder bereits von Burnout betroffenen Menschen zu stecken. In meiner Manager-Ausbildung lernte ich bereits vor 20 Jahren: „Du musst das Problem an der Wurzel packen." Vorbeugen ist immer noch besser als reparieren. Beispiel: Bereits 2005 erhielt die London Underground den Unum Provident Healthy Workplaces Award (frei übersetzt: den Unternehmens-Gesundheitsschutz-Präventionspreis) der britischen Regierung. Alle 13.000 Mitarbeiter der London Underground wurden ab 2003 einem Stress-Regulierungsprogramm unterzogen. Die Organisation wurde angepasst, die Vorgesetzten auf Früherkennung und Stress reduzierende Arbeitstechniken ausgebildet, und alle Mitarbeiter wurden über die Gefahren von Stress und Burnout aufgeklärt. Das Ergebnis war verblüffend. Die Ausgaben, bedingt durch Fehlzeiten der Arbeitnehmer, reduzierten sich um 455.000 britische Pfund, was einem Return on Invest von eins zu acht entspricht. Mit anderen Worten: Für jedes eingesetzte britische Pfund fließen acht Pfund wieder zurück ins Unternehmen. Eine erhöhte Produktivität des einzelnen Mitarbeiters war die Folge. Ebenso verbesserte sich die gesamte Firmenkultur. Die Mitarbeiter erlebten einen positiven Wechsel in Gesundheit und Lifestyle.

Wann hören Sie auf, Geld aus dem Fenster zu werfen? Unternehmer, Führungskräfte, Personalverantwortliche und Selbstständige müssen sich deshalb immer wieder die Frage stellen, wie Stress im Unternehmen verhindert oder gemindert werden kann, um Kosten zu sparen und um somit die Produktivität und Effektivität zu steigern. Doch anstatt in Stresspräventionstrainings zu investieren, steht landläufig weiterhin die Verkaufs- und Kommunikationsfähigkeit des Personals im Fokus. Dabei zahlt sich, wie diese Beispiele beweisen, Stressprävention schnell und nachhaltig aus: Michael Kastner, Leiter des Instituts für Arbeitspsychologie und Arbeitsmedizin in Herdecke, beziffert die Rentabilität: „Eine Investition von einem Euro in eine moderne Gesundheitsförderung zahlt sich nach drei Jahren mit mindestens 1,80 Euro aus."

1.2 Überlastet oder gar schon gestresst?

Modewort Stress: Der Satz „Ich bin im Stress" ist anscheinend zum Statussymbol geworden, denn wer so viel zu tun hat, dass er gestresst ist, scheint eine gefragte und wichtige Persönlichkeit zu sein. Stars, Manager, Politiker gehen hier mit schlechtem Beispiel voran und brüsten sich in der Öffentlichkeit damit, „gestresst zu sein". Stress scheint daher beliebt zu sein und ist immer eine willkommene Ausrede.

Es gehört zum guten Ton, keine Zeit zu haben, sonst könnte ja Ihr Gegenüber meinen, Sie täten nichts, seien faul, hätten wahrscheinlich keine Arbeit oder seien ein Versager. Überprüfen Sie mal bei sich selbst oder in Ihrem unmittelbaren Freundeskreis die Wortwahl: Die Mutter hat Stress mit ihrer Tochter, die Nachbarn haben Stress wegen der neuen Garage, der Vater hat Stress, weil er die Winterreifen wechseln muss, der Arbeitsweg ist stressig, weil so viel Verkehr ist, der Sohn kann nicht zum Sport, weil ihn die Hausaufgaben stressen, der neue Hund stresst, weil die Tochter, für die der Hund bestimmt war, Stress mit ihrer besten Freundin hat – und dadurch keine Zeit. Ich bin gespannt, wie viele banale Erlebnisse Sie in Ihrer Familie und in Ihrem Freundeskreis entdecken.

Gewöhnen sich Körper und Geist an diese Bagatellen, besteht die Gefahr, dass wirkliche Stress- und Burnout-Signale nicht mehr erkannt werden. Die Gefahr, in die Stress-Spirale zu geraten, steigt. Eine Studie des Schweizer Staatssekretariats für Wirtschaft aus dem Jahr 2000 untermauerte dies bereits damit, dass sich 82 % der Befragten gestresst fühlen, aber 70 % ihren Stress im Griff haben. Entschuldigen Sie meine provokante Aussage: Dann haben Sie keinen Stress.

Überlastung: Es gibt viele Situationen von Überlastung. In der Medizin, Technik, Psyche, Sport etc. hören und sehen wir jeden Tag Überlastungen. Es kann ein Boot sein, welches zu schwer beladen ist. Ebenso aber auch, dass jemand im Moment zu viel Arbeit, zu viele Aufgaben, zu viele Sorgen hat oder dass ein System oder ein Organ zu sehr beansprucht ist und nicht mehr richtig funktioniert. Das kann das Internet, das Stromnetz oder das Telefonnetz sein, aber auch der Kreislauf oder das Herz.

Die Fachliteratur drückt es als „momentan über dem Limit" oder „kurzzeitig mehr als erlaubt" aus. Wichtig ist hier das Wörtchen „momentan". Jeder von uns Menschen ist so gebaut, dass er kurzzeitig über seine Grenzen hinausgehen kann. Jeder von Ihnen kennt das Gefühl, etwas Besonders geleistet zu haben. Sie fühlen sich wohl dabei und sind meist hinterher stolz auf das Geleistete. Sehen Sie Licht am Horizont und sind Sie sich bewusst, welche Tätigkeit Sie ausführen und zudem, wie lange Sie an einer Aufgabe zu arbeiten haben, dann spricht die Stressforschung von Überlastung und nicht von Stress. Also dann, wenn der Vorgang, die Tätigkeit oder die Aufgabe für Sie absehbar und kalkulierbar ist. Dieser Vorgang ist aber von Mensch zu Mensch unterschiedlich. Zum Beispiel fühlt sich ein Marathonläufer nach 20 km überhaupt nicht überlastet, aber der übergewichtige Mensch, der Schwierigkeiten hat, zwei Stockwerke hochzusteigen, mit Sicherheit. Für ihn ist es keine Überlastung mehr, für ihn ist es Stress.

1.3   Alles Stress oder was?

Stress: Es gibt unzählige Definitionen von Stress und leider ist eine Eindeutigkeit oder eine Norm bis heute nicht gegeben. Stress ist individuell, unberechenbar, nicht greifbar. Es gibt kein Allheilmittel dagegen, da jeder Mensch Stress anders empfindet und somit auch die Vorbeuge- und Behandlungsmaßnahmen unterschiedlich sind.

Nachfolgende fünf Definitionen bezüglich Stresses sind richtungsweisend:

1. „Stress ist ein Zustand der Alarmbereitschaft des Organismus, der sich auf eine erhöhte Leistungsbereitschaft einstellt" (Hans Selye 1936; ein ungarisch-kanadischer Zoologe, gilt als der Vater der Stressforschung).

2. „Stress ist eine Belastung, Störung und Gefährdung des Organismus, die bei zu hoher Intensität eine Überforderung der psychischen und/oder physischen Anpassungskapazität zur Folge hat" (Fredric Vester 1976).
3. „Stress gibt es nur, wenn Sie ‚Ja' sagen und ‚Nein' meinen" (Reinhard Sprenger 2000).
4. „Stress wird verursacht, wenn du ‚hier' bist, aber ‚dort' sein willst, wenn du in der Gegenwart bist, aber in der Zukunft sein willst" (Eckhard Tolle 2002).
5. „Stress ist heute die allgemeine Bezeichnung für körperliche und seelische Reaktionen auf äußere oder innere Reize, die wir Menschen als anregend oder belastend empfinden. Stress ist das Bestreben des Körpers, nach einem irritierenden Reiz so schnell wie möglich wieder ins Gleichgewicht zu kommen" (Schweizer Institut für Stressforschung 2005).

Bei allen fünf Definitionen gilt es zu unterscheiden zwischen negativem Stress – ausgelöst durch im Geiste unmöglich zu lösenden Situationen – und positivem Stress, welcher in Situationen entsteht, die subjektiv als lösbar wahrgenommen werden. Sobald Sie begreifen, dass Sie selbst über das Empfinden von freudvollem Stress (Eustress) und leidvollem Stress (Disstress) entscheiden, haben Sie Handlungsspielraum.

Bei **positivem Stress** wird eine schwierige Situation als positive Herausforderung gesehen, die es zu bewältigen gilt und die Sie sogar genießen können. Beim positiven Stress sind Sie hoch motiviert und konzentriert. Stress ist hier die Triebkraft zum Erfolg.

Bei **negativem Stress** befinden Sie sich in einer schwierigen Situation, die Sie noch mehr als völlig überfordert. Sie fühlen sich der Situation ausgeliefert, sind hilflos und es werden keine Handlungsmöglichkeiten oder Wege aus der Situation gesehen. Langfristig macht dieser negative Stress krank und endet oft im Burnout.

1.4   Burnout – Die letzte Stressstufe

Burnout: Als letzte Stufe des Stresses tritt das sogenannte Burnout auf. Nun helfen keine Medizin und Prävention mehr; jetzt muss eine langfristige Auszeit unter professioneller Begleitung her. Ohne fremde Hilfe können Sie der Burnout-Spirale nicht entkommen. Die Wiedereingliederung eines Burnout-Klienten zurück in die Arbeitswelt ist sehr aufwendig. Meist gelingt das erst nach einem Jahr Auszeit, oft auch gar nicht.

Aus einer Studie der Frankfurter Unternehmensgruppe Baumann aus dem Jahr 2014 geht hervor: „Mehr als jeder zweite Manager hält es für möglich, einmal einen Burnout zu bekommen [5]". Die gebräuchlichste Definition von Burnout stammt von Maslach & Jackson aus dem Jahr 1986: „Burnout ist ein Syndrom der emotionalen Erschöpfung, der Depersonalisation und der reduzierten persönlichen Leistung, das bei Individuen auftreten kann, die auf irgendeine Art mit Leuten arbeiten oder von Leuten beeinflusst werden."

Burnout entsteht nicht in Tagen oder Wochen. Burnout entwickelt sich über Monate bis hin zu mehreren Jahren, stufenweise und fortlaufend mit physischen, emotionalen und mentalen Erschöpfungen. Dabei kann es immer wieder zu zwischenzeitlicher Besserung und Erholung kommen. Der fließende Übergang von der normalen Erschöpfung über den Stress zu den ersten Stadien des Burnouts wird oft nicht erkannt, sondern als „normale" Entwicklung akzeptiert. Reagiert der Betroffene in diesem Zustand nicht auf die Signale, die sein Körper ihm permanent mitteilt und ändert der Klient seine inneren oder äußeren Einfluss- und Stressfaktoren nicht, besteht die Gefahr einer sehr ernsten Erkrankung. Diese Signale können dauerhafte Niedergeschlagenheit, Ermüdung, Lustlosigkeit, aber auch Verspannungen und Kopfschmerzen sein.

Es kommt zu einer kreisförmigen, gegenseitigen Verstärkung der einzelnen Komponenten. Unterschiedliche Forschergruppen haben auf der Grundlage von Beobachtungen den Verlauf in typische Stufen unterteilt.

Wollen Sie sich das alles antun?

Leider ist Burnout in den meisten Firmen oder in der öffentlichen Verwaltung immer noch ein Tabuthema – die Dunkelziffer ist groß. Betroffene Arbeitnehmer, Beamte und Führungskräfte schieben oft andere Begründungen für ihren Ausfall vor – aus Angst vor negativen Folgen, wie zum Beispiel dem Verlust des Arbeitsplatzes. Es muss ein Umdenken stattfinden!

Wen kann es treffen? Theoretisch sind alle Menschen gefährdet, die nicht auf die Signale ihres Körpers achten. Vorwiegend trifft es einsatzbereite und engagierte Mitarbeiter, Beamte, Führungskräfte und Selbstständige. Oft werden diese auch von Vorgesetzten geschätzt, von Kollegen bewundert, vielleicht auch beneidet und in der Folge ausgegrenzt. Solche Menschen sagen auch nie „nein" und bitten selten um Unterstützung. Deshalb wachsen die Aufgaben, und es stapeln sich die Arbeiten. Dazu kommt oft, dass sich Partner, Freunde und Kinder über zu wenig Zeit und Aufmerksamkeit beklagen.

Aus eigener Erfahrung kann ich sagen, dass der Weg zum Burnout anfänglich mit kleinsten Hinweisen gepflastert ist, kaum merkbar, unauffällig, vernachlässigbar. Es bedarf einer hohen Achtsamkeit, um diese Signale des Körpers und der realisierenden Umwelt zu erkennen. Kleinigkeiten werden vergessen und vereinbarte Termine werden immer weniger eingehalten. Hobbys und Sport werden – wie bei mir geschehen – erheblich vernachlässigt. Auch mein Körper meldete sich Ende der neunziger Jahre mit leisen Botschaften: Schweißausbrüche, Herzrhythmusstörungen, schwerfällige Atmung und unruhiger Schlaf waren die Symptome, die anfänglich nicht von mir beachtet wurden.

Abschlusswort

Eigentlich ist Burnout- oder Stressprävention für Polizisten und Polizistinnen ganz einfach. Tipps gibt es überall und Zeit dazu auch. Sie, ja Sie, Sie müssen es einfach nur anpacken! Viel Spaß und Unterhaltung beim nun folgenden Beitrag von Nicole Bernstein.

Literatur

1. Buchenau P (2014) Der Anti-Stress-Trainer. Springer Fachmedien Wiesbaden, Wiesbaden
2. WHO ICD-11 – 11. Revision der ICD der WHO. https://www.dimdi.de/dynamic/de/klassifikationen/icd/icd-11/. Zugegriffen am 06.11.2019
3. Wirtschaftswoche (2016) Psychische Erkrankungen kosten 8,3 Milliarden Euro pro Jahr. https://www.wiwo.de/erfolg/beruf/teure-arbeitsausfaelle-psychische-erkrankungen-kosten-8-3-milliarden-euro-pro-jahr/13671902.html. Zugegriffen am 06.11.2019
4. DAK Gesundheit (2019) DAK-Psychoreport 2019: dreimal mehr Fehltage als 1997. https://www.dak.de/dak/bundesthemen/dak-psychoreport-2019-dreimal-mehr-fehltage-als-1997-2125486.html. Zugegriffen am 06.11.2019
5. Faller M (2014) „Deutschland, Deine Manager" Wie Deutschlands Führungskräfte denken: Studie, Kurzfassung Oktober 2014, 7
6. Vester F (2008) Phänomen Stress. Wo liegt sein Ursprung, warum ist er lebenswichtig, wodurch ist er entartet? 19. Aufl. dtv Verlagsgesellschaft, München

2

Einleitung

Der Beruf des Polizeibeamten/der Polizeibeamtin war schon immer mit unterschiedlichen Herausforderungen an die physische und psychische Leistungsfähigkeit verbunden. Im „Alltagsgeschäft" muss sich der Polizeibeamte/die Polizeibeamtin von Verkehrsübertretungen, leichten und schweren Straftaten über Nachbarschafts- und Familienstreitigkeiten mit einer ganzen Bandbreite von Delikten bis hin zu Tötungsdelikten auseinandersetzen. Dies bedeutet, dass der Polizeibeamte/die Polizeibeamtin profunde Rechtskenntnisse, aber auch eine erhebliche soziale Kompetenz gepaart mit Stressresistenz besitzen muss, um diesem Spektrum gerecht zu werden. Notwendig ist ebenfalls eine gute physische Fitness, die bis zum Ende der aktiven Dienstzeit erhalten werden muss. Ebenso muss sich der Polizeibeamte/die Polizeibeamtin mit dem Tod von Menschen aus den unterschiedlichsten Gründen auseinandersetzen und hier nicht

N. Bernstein, *Der Anti-Stress-Trainer für Polizisten*, Anti-Stress-Trainer, https://doi.org/10.1007/978-3-658-12475-5_2

nur die notwendige Ermittlungsarbeit leisten, sondern auch selbst die psychischen Folgen der Begegnung mit dem Tod verarbeiten.

Nach der Bewältigung der Einsatzsituation muss der Polizist/die Polizistin in der Lage sein, den gesamten Vorgang zu verschriftlichen; eine Akte anzulegen, die heute üblicherweise in einem Vorgangsbearbeitungssystem erstellt wird. War vor ca. zwanzig Jahren noch die mechanische Schreibmaschine das übliche Handwerkszeug, so sind es heute die Computer mit gängigen Officeanwendungen, aber vor allem mit ihren speziellen, an die Polizeiarbeit angepassten Programmen.

Das polizeiliche Gegenüber hat sich in den letzten Jahren deutlich verändert. In früheren Jahren genoss der uniformierte Polizeibeamte/die uniformierte Polizeibeamtin noch Respekt bei seinem Gegenüber. Heute ist dieser Respekt kaum noch zu erwarten, dafür aber eine Klientel, die den Polizeibeamten/Polizeibeamtinnen teilweise sogar feindlich und aggressiv gegenübertritt. Medienberichte über erhebliche körperliche Übergriffe sind nicht nur bei Polizisten/Polizistinnen, sondern auch bei allen anderen Einsatzkräften mittlerweile fast alltäglich. Heute ist damit zu rechnen, dass auch alltägliche Einsatzsituationen bis zur lebensbedrohlichen Lage eskalieren können – sogar ohne jegliche Vorwarnung.

In früheren Jahren war der Ortspolizist, der seine „Pappenheimer" und sein Revier genau kannte, ein ganz normales Erscheinungsbild. In den letzten Jahren wurden durch Polizeireformen immer größere Dienststellen geschaffen, so dass die Beamten/Beamtinnen überwiegend mit dem Streifenwagen ihre Bereiche bestreifen. Sie kennen sich aufgrund der Größe der Dienststellen und der personellen Fluktuation so manches Mal auch nur begrenzt in diesen Bereichen aus.

Innerdienstlich hat sich ebenfalls so manches verändert. In weiter zurückliegenden Jahren war es üblich, dass die Beamten/Beamtinnen nach der Schicht noch zusammensaßen und den Dienst nachbereiteten oder häufiger gemeinsame Aktivitäten unternahmen. Heute sind die Dienststellen deutlich anonymer geworden, und die Kollegen/Kolleginnen kennen sich in vielen Dienststellen nur noch sehr oberflächlich. Meistens haben es die Beamten/Beamtinnen nach der Dienstschicht eilig, nach Hause zu kommen. Schließlich müssen viele von ihnen lange und/oder weite Wege zurücklegen.

Personal ist heute knapp in den Dienststellen. Fällt ein Kollege/eine Kollegin aus, so müssen andere oft in die Bresche springen und den Dienst übernehmen oder aber die verbleibenden Kollegen/Kolleginnen müssen in Minderstärke die Einsatzlagen bewältigen. Durch teilweise nicht planbare Sondereinsätze oder auch durch geplante Großeinsätze ergeben sich auch Auswirkungen auf das private Leben der Polizisten/Polizistinnen. Besonders kommen diese Auswirkungen für diejenigen zum Tragen, die Kinder oder pflegebedürftige Angehörige haben.

Beginnend mit dem Terroranschlag auf die Redaktion der Satirezeitschrift Charlie Hebdo in Paris am 07. Januar 2015 gab es in Europa mehrere Anschläge. Dies bringt für die Polizisten/Polizistinnen neue Gefahren und erfordert die Auseinandersetzung mit Gewalt auf einem anderen Level als bisher. In den vergangenen Jahren wurde die Polizei kontinuierlich abgebaut, nun werden aber wieder mehr Polizeibeamten/Polizeibeamtinnen benötigt, um die innere Sicherheit zu gewährleisten. Diese Polizisten/Polizistinnen müssen jedoch erst ausgewählt und ausgebildet werden, sodass durch die Ausbildungsoffensiven in den Polizeien des Bundes und der Länder vorerst zusätzliche Belastungen durch die Ausbildung entstehen. Aus den Einsatzdienststellen müssen Ausbilder in den Ausbildungseinrichtungen personell unterstützen und in den Praktikumsdienststellen müssen viele Praktikanten von „Bärenführern/Bärenführerinnen" angeleitet werden. Von den Polizeibeamte/Polizeibeamtinnen wird in dieser latenten Gefährdungslage auch vermehrt die Bereitschaft gefordert, ihr eigenes Leben zur Rettung anderer Menschen einzusetzen. Bereits nach dem Amoklauf von Erfurt am 26. April 2002 wurden Einsatztaktiken an die neuen Erfordernisse angepasst, was nun nach der steigenden Anzahl von Anschlägen noch einmal weiterentwickelt wird. Die persönliche Schutzausstattung und die Bewaffnung der Polizeien wurden gleichfalls auf den Prüfstand gestellt und sukzessive an die neuen Bedürfnisse angepasst. Allerdings benötigt diese Beschaffung nicht nur wegen der hohen Kosten, sondern auch wegen der großen Produktionsmengen, die oft nicht kurzfristig von der Industrie zu bewältigen sind, Zeit.

In dem vorliegenden Anti-Stress-Trainer sollen Stressoren aus unterschiedlichen Tätigkeitsbereichen der Polizei – ohne Anspruch auf Vollzähligkeit – anhand von Beispielen dargestellt und Tipps zur Stressbewältigung gegeben werden. Dabei richtet sich das Werk an alle dienstlichen Ebenen und soll auch gleichzeitig für Bewerber/Bewerberinnen eine Entscheidungshilfe sein, sich bewusst für diesen Beruf im Sinne einer Berufung zu entscheiden.

Das im Buch angegebene Quellenmaterial ist öffentlich und frei für jedermann verfügbar. Innerdienstliche Quellen, wie z. B. Polizeidienstvorschriften oder Einsatzkonzeptionen, unterliegen überwiegend einer Verschlusssacheneinstufung und werden daher hier nicht inhaltlich zitiert.

3

Berufsanfänger – Ausbildungsoffensive

Was motiviert junge Menschen, Polizeibeamter/Polizeibe-
amtin zu werden? Vielfach ist es die Vorstellung, anderen
Menschen helfen zu wollen und viel Sport zu machen. Andere suchen einen abwechslungsreichen Beruf, in dem ein
hoher praktischer Anteil enthalten ist. Für die meisten Be-
werber/Bewerberinnen liegt auch eine Motivation darin,
die Sicherheit des öffentlichen Dienstes anzustreben.

Derzeit stellen nahezu alle Polizeien des Bundes und der
Länder vermehrt ein, um den demografischen Wandel aufzu-
fangen, aber auch – wie vorstehend angesprochen – wegen
der veränderten Sicherheitslage in der Bundesrepublik Deutschland. Nach Jahren des Personalabbaus erfahren fast alle Polizeien durch die Bewilligung zusätzlicher Planstellen durch
die Politik einen personellen Zuwachs. Mit diesen Mehrein-
stellungen müssen aber die planmäßigen und außerplanmä-
ßigen Zurruhesetzungen kompensiert und dann eben noch
ein Überschuss für den Stellenaufwuchs „produziert" werden.

© Springer Fachmedien Wiesbaden GmbH, ein Teil von Springer
Nature 2020
N. Bernstein, *Der Anti-Stress-Trainer für Polizisten*, Anti-Stress-Trainer,
https://doi.org/10.1007/978-3-658-12475-5_3

Dies erfolgt zu einer Zeit, in der viele Studiengänge und viele Arbeitgeber um geburtenschwächere Jahrgänge werben.

Mittlerweile können Angehörige von Staaten der Europäischen Union genauso im öffentlichen Dienst Zugang finden wie deutsche Staatsangehörige. Über die jeweiligen Zugangsvoraussetzungen informieren die Internetseiten der Polizeien des Bundes und der Länder, welche auf der Internetseite www.polizei.de vernetzt sind. Über diese Seite kann dann das jeweilige Wappen angeklickt werden, um zu detaillierten Informationen zu gelangen. Teilweise gibt es auch spezielle Seiten zur Nachwuchsgewinnung, die besonders auf potenzielle Bewerber/Bewerberinnen für den Polizeiberuf zugeschnittene Informationen bereithalten. Etliche Polizeien haben auch Auftritte in verschiedenen sozialen Netzwerken wie Facebook, YouTube, Instagram oder Snapchat, um zum einen über ihre alltägliche Arbeit und zum anderen auch über berufliche Möglichkeiten zu informieren.

Sowohl durch die Rechtsprechung als auch durch den erhöhten Personalbedarf haben sich Einstellungsvoraussetzungen verändert. So wird mittlerweile teilweise von einer Mindest-, aber auch vor einer Maximalgröße der Bewerber Abstand genommen. Dieses Thema lässt sich aus verschiedenen Blickwinkeln diskutieren. Die Argumentation eines für die Neueinstellungen Verantwortlichen kann z. B. lauten, dass damit wesentlich mehr Bewerber/Bewerberinnen für das Eignungsauswahlverfahren zur Verfügung stehen und die Einstellungsquoten so leichter mit geeigneten Bewerbern erreicht werden können. Polizeipraktiker könnten dagegen argumentieren, dass die Mindest- und Maximalgröße ihre praktische und polizeitaktische Berechtigung haben. Ganz banal beginnt es bei der Uniform. Uniformen werden in einem gewissen Größenspektrum beschafft und von der Industrie in ausreichender Stückzahl produziert.

Die Beschaffung von Sondergrößen ist oftmals zeit- und kostenaufwendig. Zumal die gesamte Bekleidung eines Polizeibeamten/einer Polizeibeamtin eine erhebliche Anzahl von Artikeln umfasst. Bei Einsätzen mit Gewaltpotenzial werden kleinere Polizisten/Polizistinnen vom Gegenüber häufig als potenzielle Schwachstelle ausgemacht und gezielt angegriffen. Ob kleinere Menschen tatsächlich immer körperlich unterlegen sind, sei dahingestellt. Psychologisch gesehen werden sie leichter als Schwachstelle und damit als potenzielles Angriffsziel wahrgenommen. Die Einsatzausstattung der Polizeibeamten bietet heute zwar wesentlich bessere Schutzmöglichkeiten, aber sie wird trotz moderner Materialien zunehmend schwerer. Das Gewicht der verwendungsspezifischen Ausstattung in Relation zum Körpergewicht und in Verbindung mit teilweise sehr langen Tragezeiten dieser Schutzausstattung könnte aus Gründen des Arbeitsschutzes gesundheitlich bedenklich sein. Kleinere Menschen haben im Regelfall ein geringeres Körpergewicht, und damit ist die Relation zwischen Einsatzausstattung und Körpergewicht oftmals ungünstig. Bei kleineren oder besonders großen Menschen ist es z. B. auch schwierig, zur Körpergröße passende Fahrzeuge auszuwählen. Im privaten Bereich können die Betreffenden aus einer breiten Palette von Fahrzeugen und/oder Zusatzausstattungen wählen. Im dienstlichen Bereich werden die Einsatzfahrzeuge nach dienstlichen Erfordernissen ausgewählt und beschafft. Hier kann es passieren, dass sie individuell nicht problemlos auf besonders kleine und/oder große Fahrzeuginsassen eingestellt werden können. Ein weiterer wichtiger Punkt sind die dienstlich zugewiesenen Schusswaffen. Neue Pistolengenerationen lassen sich mittweile in einer großen Bandbreite an den individuellen Nutzer anpassen. So können z. B. unterschiedliche Griffschalen ausgewählt werden, um die Waffe an die Hand der Waffenträger anzupassen.

Allerdings gibt es hier Grenzen des Machbaren. Insofern bleibt weiterhin kritisch zu diskutieren, ob die Abschaffung von Mindest- und Höchstgrößen für den Polizeiberuf zielführend ist.

Die Berufsausbildung zum Polizeibeamten besteht neben dem Erwerb von polizeipraktischen Fähigkeiten auch aus viel Theorie. Es sind umfangreiche gesetzliche und polizeitaktische Grundlagen zu lernen, die später die Basis für ein rechtmäßiges Tätigwerden der Beamten darstellen. Die Notwendigkeit eines umfassenden theoretischen Unterrichtsanteils besteht im Übrigen in allen drei Laufbahnen der Polizei, so die jeweilige Polizei nicht eine zweigeteilte Laufbahn eingeführt hat. Hier lässt sich kritisch diskutieren, ob die heutigen Bewerber noch über ausreichende Kenntnisse der deutschen Sprache in Wort und Schrift verfügen müssen. Diese Kenntnisse werden bei der Bewerbung durch die entsprechenden Schulnoten belegt und im Eignungsauswahlverfahren z. B. durch das Schreiben eines Diktats oder von Aufsätzen unter Beweis gestellt. Bei diesen schriftlichen Prüfungsanteilen darf ein gewisser Fehlerquotient nicht überschritten werden. Hier könnte einerseits argumentiert werden, dass im täglichen Dienst Schriftsätze heute überwiegend mit Computerunterstützung und mit Rechtschreibhilfe abgefasst und folglich schlechte Rechtschreibkenntnisse bis zu einem gewissen Maß kompensiert werden. Andererseits könnte die Sinnhaftigkeit von dienstlichen Vorgängen unter mangelnden deutschen Sprachkenntnissen so leiden, dass diese z. B. nicht mehr zur Vorlage bei der Staatsanwaltschaft geeignet sind.

Für die Bewerber für alle Laufbahnen gilt es, zwei besondere Hürden zu nehmen: Dies ist zum einen die ärztliche Untersuchung auf Polizeidiensttauglichkeit und der Sporttest. Die ärztliche Untersuchung richtet sich nach einer bundeseinheitlichen Vorschrift, der Polizeidienstvorschrift 300 (PDV 300) „Ärztliche Beurteilung der Polizeidiensttauglichkeit und der Polizeidienstfähigkeit". Der Polizeiberuf stellt besondere gesundheitliche Anforderungen an die angehenden Polizisten. Mit dieser Vorschrift soll sichergestellt werden, dass Polizeiärzte der Länder- und Bundespolizei bei ihren Untersuchungen nach einem einheitlichen Beurteilungsmaßstab verfahren. Dem zukünftigen Dienstherrn bleibt dabei ein weiter Ermessensspielraum im Hinblick auf die Beurteilung der körperlichen Eignung eingeräumt. Nach der neueren Rechtsprechung darf sich der Dienstherr allerdings nicht mehr pauschal an den generalisierenden und typisierenden, nahezu katalogartigen Gesundheitsbeeinträchtigungen der PDV 300 orientieren, sondern muss eine Einzelfallprüfung vornehmen [1].

Bei der ärztlichen Untersuchung fällt bereits ein nennenswerter Anteil der Bewerber aus dem Einstellungstest heraus. Durch die moderne Lebensweise unserer heutigen Gesellschaft sind bereits viele junge Menschen in ihrer Gesundheit beeinträchtigt. Noch gilt auch der Body Mass Index (BMI) als Ausschlusskriterium [2]. Bewerber dürfen nach dem BMI weder Unter- noch Übergewicht haben. Gerade bei Bewerbern, die bestimmten Sportarten nachgehen, kann das Kriterium Übergewicht durchaus ein zu diskutierendes Ausschlusskriterium sein. Der BMI differenziert nämlich nicht zwischen Muskel- und Fettmasse eines Menschen. Einerseits kann hier argumentiert werden, dass Muskelmasse positive Auswirkungen auf die Fitness eines Menschen hat. Andererseits belastet jegliche Gewichtsmasse – egal, ob Körperfett oder Muskelmasse – den Bewegungsapparat eines Menschen.

Die moderne Lebensweise der heutigen Gesellschaft führt auch dazu, dass viele Bewerber am Sporttest scheitern. Die Sporttests bei den Polizeien von Bund und Ländern sind unterschiedlich, dennoch wird ein überschaubares Leistungsspektrum verlangt, welches sich u. a. an Leistungsparametern des Deutschen Sportabzeichens orientiert. Diese Leistungsparameter sind im Regelfall von einer großen Anzahl von Menschen problemlos zu erbringen. Allerdings ist hierfür ein gewisses Training notwendig. Heute sind die Testinhalte im Internet detailliert nachlesbar oder sogar in Videosequenzen dargestellt. Damit ist für den Bewerber/die Bewerberin transparent, welche Anforderungen an ihn/sie gestellt werden. Trotzdem fehlt es einer nennenswerten Anzahl von Bewerbern an der Selbstdisziplin, sich auf diesen Fitnesstest vorzubereiten. Dies ist übrigens nicht nur ein Problem bei Einstellungen in die Polizei, sondern gilt genauso für den Beruf des Soldaten/der Soldatin oder für potenzielle Feuerwehrleute. Um in diesen Berufsbildern die Ausbildung erfolgreich zu absolvieren, bedarf es einer körperlichen Grundfitness, auf welcher im Rahmen der Ausbildung aufgebaut werden kann.

Im Übrigen sind die schriftlichen Testinhalte ebenfalls im Internet zu recherchieren und damit genauso zu trainieren wie der Sporttest. Insofern kann der Bewerber/die Bewerberin Stress im Einstellungsverfahren vermeiden, wenn die trainierbaren Inhalte rechtzeitig vorher geübt werden. Gerade in den Bereichen, in denen der Einzelne seine Schwächen identifiziert, kann durch eine adäquate Vorbereitung viel Stress vermieden werden. Die Zeit, welche für diese Vorbereitung notwendig ist, sollte nicht unterschätzt werden. Gerade im Bereich der körperlichen Fitness sind mehrere Monate regelmäßigen Trainings nötig, um die erforderliche Grundfitness zu erreichen. Sofern das Körpergewicht des Bewerbers/der Bewerberin nicht dem verlangten Spektrum des BMI entspricht, braucht es ebenfalls regelmäßig einige Zeit, um das Gewicht zu erhöhen/zu vermindern, um dieses Kriterium zu erfüllen. Hier ist klar an die Selbstverantwortung jedes Bewerbers/jeder Bewerberin zu appellieren. Der Beruf eines Polizeibeamten/einer Polizeibeamtin erfordert insgesamt ein hohes Maß an Selbstdisziplin und einen gesunden Ehrgeiz, die vorgegebenen Ziele zu erreichen.

Bewerber/Bewerberinnen für den Polizeiberuf sollten sich mit dem Ablauf und den Inhalten des Einstellungstests vor dem Bewerbungsverfahren auseinandersetzen und rechtzeitig dafür üben bzw. trainieren. Wie jedes Unternehmen erwartet, dass sich Bewerber über dieses informieren, so erwarten dies auch die Polizeien von ihren Bewerbern/Bewerberinnen!

3.1 Ausbildung im mittleren Polizeivollzugsdienst

Die Ausbildung im mittleren Polizeivollzugsdienst wird nicht mehr von allen Polizeien angeboten. Dies hängt davon ab, ob es eine zwei- oder dreigeteilte Laufbahn in dieser Polizei gibt. Die Ausbildung im mittleren Polizeivollzugsdienst dauert zweieinhalb Jahre. Für den Berufseinstieg werden der mittlere Bildungsabschluss oder ein Hauptschulabschluss und eine abgeschlossene mindestens zweijährige Berufsausbildung benötigt. In dieser Laufbahn können Bewerber/Bewerberinnen ab dem sechzehnten Lebensjahr beginnen. Durch die starken Abiturjahrgänge und die begrenzten Studienkapazitäten im gehobenen Dienst beginnen auch eine nennenswerte Anzahl Abiturienten ihren beruflichen Weg im mittleren Polizeivollzugsdienst. Die Beamtenlaufbahnen der Polizei sind heute durchlässig, so dass damit später auch die grundsätzliche Möglichkeit eines Aufstiegs in den gehobenen Dienst besteht.

Im ersten Ausbildungsjahr werden die theoretischen Grundlagen für den Polizeiberuf gelegt sowie einige einsatznahe Trainings durchgeführt. Dieses erste Ausbildungsjahr – die sogenannte Grundausbildung – endet mit einer Zwischenprüfung, die bei Nichtbestehen einmal wiederholt werden kann. Das zweite Ausbildungsjahr ist sehr praxisorientiert. Die Grundlagen aus der Grundausbildung werden vertieft, und die Anwärter absolvieren mehrere Praktika in unterschiedlichen Dienststellen, um das Erlernte praktisch anzuwenden. Das letzte halbe Jahr ist der sogenannte Laufbahnlehrgang, an dessen Ende die Abschlussprüfung steht.

Diejenigen, die mit Abitur ihre Ausbildung im mittleren Dienst begonnen haben, haben zwei unterschiedliche Möglichkeiten: Sie können sich bereits während der Ausbildung (erneut) für den gehobenen Polizeivollzugsdienst bewerben. Sofern sie das Eignungsauswahlverfahren erfolgreich bestehen und im Ranking für die ausgewählten Studienbewerber dabei sind, können sie die Laufbahnausbildung wechseln. Eine andere Möglichkeit ist, die Ausbildung im mittleren Dienst zu beenden, dort berufliche Erfahrungen zu machen, um sich dann später für einen Aufstieg zu bewerben. Jede der beiden Varianten hat Vor- und Nachteile, die der Einzelne für sich sorgfältig abwägen sollte.

In zurückliegenden Zeiten war es möglich, im mittleren Dienst Führungsfunktionen zu übernehmen. Diese Möglichkeit ist jetzt grundsätzlich Beamten des gehobenen Dienstes vorbehalten. So streben viele Beamten des mittleren Dienstes einen Laufbahnwechsel an, um sich in Führungsfunktionen weiterzuentwickeln. Teilweise hängt die Notwendigkeit des Laufbahnwechsels auch mit einer Neubewertung der Dienstposten zusammen.

3.2 Duale Karriere – Beispiel „Endorfer Modell" der Bundespolizei

Die Bundespolizeisportschule bietet Spitzensportlern die Möglichkeit der Förderung. Für die Aufnahme in der Bundespolizeisportschule Bad Endorf muss der Sportler bereits einem Kader des Deutschen Skiverbandes, der Deutschen

Eisschnelllauf-Gemeinschaft e.V., des Bob- und Schlitten-
verbandes für Deutschland oder des Snowboardverbandes
Deutschland angehören. In der Bundespolizeisportschule
Kienbaum bei Berlin finden Spitzensportler von Sommer-
und Ganzjahressportarten Judo, Kanu, Leichtathletik, Rad-
sport, Rudern und Schießen Fördermöglichkeiten.

Neben der sportlichen Qualifikation müssen die Bewerber das Eignungsauswahlverfahren für den mittleren Polizeivollzugsdienst bestehen. Damit haben sie die Möglichkeit, ihre sportliche Förderung in Training und Wettkampf
mit einer Ausbildung im mittleren Polizeivollzugsdienst zu
kombinieren. Ihnen steht damit nach ihrer sportlichen
Karriere der Weg in den Polizeidienst der Bundespolizei un-
eingeschränkt offen. Dies umfasst auch die Aufstiegsmög-
lichkeiten in andere Laufbahnen. Damit haben die Sport-
ler/Sportlerinnen eine gute berufliche Absicherung nach
dem Ende ihrer sportlichen Karriere.

3.3 Ausbildung (Studium) im gehobenen Polizeivollzugsdienst

Die Ausbildung im gehobenen Polizeivollzugsdienst richtet
sich an Laufbahnbewerber/Laufbahnbewerberinnen, die
die allgemeine Hochschulreife oder die Fachhochschulreife
besitzen. Die Ausbildung dauert insgesamt drei Jahre und
ist modular aufgebaut. Dies ist vergleichbar mit dem Ba-
chelor-Studiengang, sofern der Studiengang nicht akkredi-
tiert ist. In einigen Polizeien sind die Studiengänge bereits
zertifiziert, so dass ein Abschluss als Bachelor erworben
wird. Bei der Bundespolizei ist das Studium lediglich mo-
dularisiert, und es wird noch der akademische Grad des Di-
plom-Verwaltungswirtes erworben.

Die Laufbahnbewerber und die Aufstiegsbeamten kommen im ersten Abschnitt des Hauptstudiums zusammen und setzen dann gemeinsam in gemischten Lehrgruppen ihr Studium fort. Damit können die jüngeren und diensterfahreneren Beamten voneinander profitieren.

In früheren Jahren war die Ausbildung des gehobenen Polizeivollzugsdienstes eine klassische Führungsausbildung. Heute wird in diesem Studiengang nur noch die niedrigste Führungsebene unterrichtet: die Ebene des Gruppenführers/der Gruppenführerin, des Gruppenleiters/der Gruppenleiterin. Die meisten Absolventen konnten seinerzeit davon ausgehen, nach dem abgeschlossenen Studium eine Führungsfunktion zu übernehmen. Dies hat sich heute deutlich verändert. Die meisten Absolventen des Studiums werden in der Regel eine Funktion als Polizeivollzugsbeamter/Polizeivollzugsbeamtin in der Gruppe oder als Kontroll- und Streifenbeamter/Kontroll- und Streifenbeamtin erhalten. Später können sie sich dann nach entsprechender Verwendungsbreite auf Führungsfunktionen bewerben.

Für Aufstiegsbeamte gibt es eine ganze Reihe unterschiedlicher Aufstiegsverfahren. Diese sind je nach Länder-/Bundespolizei unterschiedlich gestaltet. Ergänzend gibt es auch Überleitungsverfahren, die prüfungsfrei sind. Jeder Polizeibeamte/jede Polizeibeamtin, der/die an einer Weiterentwicklung Interesse hat, sollte sich regelmäßig über die jeweiligen Voraussetzungen für einen Laufbahnwechsel informieren. Bei der Bundespolizei gibt es z. B. ein Personalentwicklungskonzept (PEK) [3]. Nach diesem PEK müssen verschiedene Verwendungen durchlaufen worden sein, um für einen Aufstieg bewerbungsfähig zu sein. Derjenige/diejenige, der/die zielgerichtet diese Verwendungsbausteine abarbeitet, ist schneller bewerbungsfähig. Insofern lohnt es sich bei eigenem Weiterentwicklungswillen, sich zielstrebig für bestimmte Verwendungen zu bewerben. Die dienstlichen Verwendungen sind nur ein Baustein für eine solche

Bewerbung: Auch die dienstliche Beurteilung muss gewisse Voraussetzungen erfüllen. Der/die zuständige Vorgesetzte ist nicht nur für die Beurteilung zuständig, er muss auch eine Prognose abgeben, ob der Bewerber/die Bewerberin für einen Aufstieg geeignet erscheint. Insofern ist es für den Polizisten/die Polizistin essenziell, mit dem/der Vorgesetzten vertrauensvoll zusammenzuarbeiten und Aufstiegsabsichten zu erörtern. Letztlich zählt nicht nur der eigene Wunsch für die Weiterentwicklung, der/die Vorgesetzte muss dem Beamten/der Beamtin die notwendigen Eigenschaften (z. B. Führungseignung, Führungsneigung, soziale Kompetenz) in der Beurteilung attestieren.

Dabei sollte der Interessent/die Interessentin berücksichtigen, dass es mit zunehmendem Lebensalter und zeitlich gesehen weiterer Entfernung des Schulabschlusses schwieriger wird, sich umfangreiches theoretisches Wissen anzueignen. Auch im privaten Bereich wird es schwieriger, sich auf ein möglicherweise heimatfernes Studium zu konzentrieren. Gerade, wenn schon eine Familiengründung stattgefunden hat, Kinder und Wohneigentum oder auch andere Verpflichtungen vorhanden sind, gibt es viele Faktoren abzuwägen.

3.4 Ausbildung (Studium) im höheren Polizeivollzugsdienst

Auch in den höheren Polizeivollzugsdienst gibt es unterschiedliche Wege. Absolventen eines universitären Hochschulstudiums haben die Möglichkeit, direkt in die zweijährige Ausbildung einzusteigen. Hierbei handelt es sich um einen Masterstudiengang, der im zweiten Studienjahr für alle Polizeibeamten des Bundes und der Länder bei der Deutschen Hochschule der Polizei in Münster-Hiltrup (frühere Polizeiführungsakademie) stattfindet.

In diesem Studiengang werden Laufbahnbewerber und Aufstiegsbeamte in gemischten Studiengruppen unterrichtet. Eine weitere Durchmischung erfolgt dahingehend, dass Angehörige unterschiedlicher Polizeien in den Studiengruppen zusammenkommen. Damit besteht die Möglichkeit, Berufserfahrungen miteinander auszutauschen und voneinander zu profitieren. Die überwiegende Anzahl der Polizeibeamten des höheren Dienstes aller Polizeien hat somit das gleiche Studium durchlaufen und folglich könnte grundsätzlich jeder/jede auch in einer anderen Polizei seinen/ihren Dienst verrichten. Es müsste nur eine Nachschulung bzgl. der rechtlichen Gegebenheiten des jeweiligen Polizeigesetzes erfolgen.

Für Juristen mit zweitem Staatsexamen besteht grundsätzlich die Möglichkeit, an einem prüfungsfreien Studienkurs an der Deutschen Hochschule der Polizei teilzunehmen, um das notwendige polizeiliche Wissen zu erwerben. Die Voraussetzungen dafür werden von den jeweiligen Polizeien festgelegt und orientieren sich – bezogen auf die verlangten Examensnoten – am Bedarf.

> Interessenten/Interessentinnen für den höheren Dienst der Polizei sollten sich regelmäßig über die Webseiten der Polizeien informieren bzw. bei den zuständigen Einstellungsberatern bzw. den zuständigen Personalstellen nachfragen.

Literatur

1. Urteil des Sächsischen Oberverwaltungsgerichts in Bautzen vom 08.11.16 – 2 A 484/15
2. https://www.komm-zur-bundespolizei.de/sites/default/files/medien/175/dokumente/18_0328_INFOBLATT_Polizeiaerztliche_Untersuchung.pdf. Zugegriffen am 04.03.2020
3. Deutscher Bundestag, 18. Wahlperiode, Drucksache 18/7935 vom 21.03.2016

4

Laufbahnwechsel – dienstliche Weiterentwicklung

4.1 Aufstiegschancen für Berufserfahrene

Die einzelnen Laufbahnen des Polizeivollzugsdienstes sind durchlässig. Teilweise werden auch bereits – abhängig vom jeweiligen Landesrecht – Laufbahngruppen gebildet. Somit können sich Beamte/Beamtinnen nach Eignung, Leistung und Befähigung dienstlich weiterentwickeln. Die dienstliche Eignung, Leistung und Befähigung werden durch das jeweilige Beurteilungssystem von den zuständigen Beurteilern eingeschätzt.

> Allerdings sollte der/die Einzelne nicht (nur) darauf warten, von seinem/ihrem Vorgesetzten bezüglich einer Bewerbung für ein Aufstiegsverfahren angesprochen zu werden. Es liegt in der Selbstverantwortung des einzelnen Beamten/der einzelnen Beamtin, sich über die Aufstiegsmöglichkeiten und -voraussetzungen zu informieren. So kann der Interessent/

© Springer Fachmedien Wiesbaden GmbH, ein Teil von Springer Nature 2020
N. Bernstein, *Der Anti-Stress-Trainer für Polizisten*, Anti-Stress-Trainer,
https://doi.org/10.1007/978-3-658-12475-5_4

die Interessentin bereits für sich selbst gedanklich die einzelnen Voraussetzungen durchgehen und prüfen, welche Punkte er/sie bereits erfüllt und welche noch nicht.

Die entsprechenden Kooperations- und/oder Personalführungsgespräche bieten dem Beamten/der Beamtin dann die Möglichkeit, sein/ihr Aufstiegsinteresse zu thematisieren und mit seinem/ihrem Vorgesetzten zu erörtern. In einem solchen Gespräch wird sich dann herausstellen, ob Selbst- und Fremdbild übereinstimmen und der/die Vorgesetzte den Mitarbeiter/die Mitarbeiterin für eine Veränderung geeignet hält. Damit besteht dann auch die Chance, sofern es noch an der notwendigen Verwendungsbreite – insbesondere den Führungsfunktionen – mangeln sollte, diesbezüglich Unterstützung von seinem/ihrem Vorgesetzten zu erhalten.

4.2   Eignungsauswahlverfahren

Neben den Grundvoraussetzungen für eine Bewerbung für ein Aufstiegsverfahren muss auch immer ein Eignungsauswahlverfahren absolviert werden. Viele Beamte/Beamtinnen überlegen bereits an dieser Stelle, ob sie sich diesem Verfahren stellen wollen. Manch einer denkt, dass das nicht erfolgreiche Absolvieren eines Eignungsauswahlverfahrens einen Ansehensverlust bei Kollegen und Vorgesetzten zur Folge haben könnte. Dies ist immer die Frage des Blickwinkels: Meines Erachtens hebt sich derjenige aus der Masse ab, der seine dienstliche Weiterentwicklung angeht. Somit ist ein nicht erfolgreiches Eignungsauswahlverfahren ein Ansatzpunkt, zu gegebener Zeit einen weiteren Anlauf zu wagen. Regelmäßig werden von der Auswahlkommission in der Rückmeldung Hinweise gegeben, wo Defizite des Bewerbers/der Bewerberin gelegen haben. Damit kann der/die Betreffende dann an sich arbeiten. Bei dem einen ist dieser Prozess des An-sich-Arbeitens bereits nach einem Jahr abgeschlossenen, andere benötigen ein wenig länger. Das hängt vom konkreten Einzelfall ab. Der falsche Weg ist, den Fehler bei der Auswahlkommission zu suchen. Eine selbstkritische Auswertung und das Arbeiten an sich selbst – ohne sich zu verbiegen – sind der bessere Weg.

> Sich einem Eignungsauswahlverfahren zu stellen, hebt eine Person aus der Masse heraus. Sollte der Beamte/die Beamtin das Verfahren nicht erfolgreich absolvieren, so ist dies kein persönliches Versagen. Wichtig ist, die Hinweise einer Auswahlkommission aufzunehmen und an sich zu arbeiten, um dann einen neuen Anlauf zu versuchen!

4.2.1 Ausbildungsaufstieg

Der Ausbildungsaufstieg richtet sich überwiegend an jüngere Beamte mit einer relativ kurzen Stehzeit in der jeweiligen Laufbahn. Die Beamten müssen je nach angestrebtem Laufbahnwechsel bestimmte Voraussetzungen in der Verwendungsbreite erbringen und ein Eignungsauswahlverfahren erfolgreich absolvieren. Danach werden sie dann gemeinsam mit den o. a. Laufbahnbewerbern ihr Studium in der jeweiligen Laufbahn absolvieren.

4.2.2 Praxisaufstieg

Der Praxisaufstieg richtet sich an ältere, diensterfahrene Beamte. Vom Praxisaufstieg gibt es unterschiedliche Varianten, die eine begrenzte oder unbegrenzte Ämterreichweite in der neuen angestrebten Laufbahn zur Folge haben. Diese Aufstiegsverfahren werden bedarfsgerecht durchgeführt.

4.2.3 Besondere Einzelfälle des Laufbahnwechsels

Vereinzelten Polizeibeamten gelingt es, neben dem Haupt-
beruf ein wissenschaftliches Studium, welches als Zulas-
sungsvoraussetzung zum höheren Polizeivollzugsdienst anerkannt wird, erfolgreich zu absolvieren. Im Einzelfall
können diese Kollegen/Kolleginnen während ihres Studiums bzw. Referendariats Unterstützung vom Dienstherrn,
z. B. durch zeitliche Entlastung erhalten. Hier legen die
Dienstherren jedoch regelmäßig einen strengen Maßstab an
und prüfen, ob der Studienabschluss „im Interesse" des
Dienstherrn liegt. Sofern der wissenschaftliche Masterab-
schluss vorliegt, lohnt es sich für den Absolventen/die Ab-
solventin, die Ausschreibungen für den höheren Dienst
genau zu prüfen. Im Einzelfall kann es der Dienstherr ermöglichen, im Rahmen eines Aufstiegsverfahrens den Laufbahnwechsel vorzunehmen. Es kann sogar sein, dass ein
Angehöriger des mittleren Polizeivollzugsdienstes, der über
einen entsprechenden Abschluss verfügt, zum Aufstieg zu-
gelassen wird. Dies sind aber immer Einzelfallprüfungen,
die u. a. von der Bewerberlage und dem Personalbedarf abhängig sind.

Bei der Wahl des wissenschaftlichen Studiums, sofern
ein solcher Laufbahnwechsel perspektivisch angestrebt
wird, sollte die betreffende Person eingehend prüfen, ob
der angedachte Studiengang wissenschaftlich und als Zugang zum höheren Dienst in Deutschland grundsätzlich
anerkannt ist. Es gibt Masterabschlüsse, deren Mastertitel
geführt werden darf, die aber nicht als wissenschaftliche
Universitätsabschlüsse anerkannt sind, und folglich keine
Zugangsberechtigung zum höheren Dienst in Deutschland
darstellen. Hier ist eine genaue Auswahl erforderlich, um
am Ende nach den Mühen des Studiums nicht eine

Enttäuschung zu erleben. Zumal für diese Studiengänge teilweise erhebliche Gebühren fällig werden, welche der/die Studierende in aller Regel selbst zu tragen hat. Hierfür eine Förderung vom Dienstherrn zu erhalten dürfte eine seltene Ausnahme sein.

5

Auswirkungen des Berufs auf private Aktivitäten und umgekehrt

An dieser Stelle sollen nur einige Facetten erwähnt werden, auf die der Beruf des Polizeibeamten/der Polizeibeamtin Auswirkungen haben kann. Sich frühzeitig aktiv mit diesen Themen auseinanderzusetzen bedeutet, späteren Stress zu vermeiden.

5.1 Soziale Netzwerke

Die meisten Menschen sind heute in sozialen Netzwerken präsent. Davon sind Polizeibeamte/Polizeibeamtinnen nicht ausgenommen. Dennoch gibt es einiges zu bedenken, wenn der Polizist/die Polizistin dort seine/ihre Präsenz pflegt. Wie heißt es so schön? „Das Internet vergisst nicht!" Es beginnt bereits mit dem öffentlichen Profilbild und dem Klarnamen, aber auch die geposteten Inhalte – Bilder, Videos und Wortbeiträge – wollen wohlüberlegt sein. Dies betrifft im Übrigen auch Likes unter Beiträgen und Gefällt-mir-Angaben von

© Springer Fachmedien Wiesbaden GmbH, ein Teil von Springer Nature 2020
N. Bernstein, *Der Anti-Stress-Trainer für Polizisten*, Anti-Stress-Trainer, https://doi.org/10.1007/978-3-658-12475-5_5

z. B. Facebook-Seiten. Eine wertvolle Hilfe können Social Media Guidelines der eigenen Polizeibehörde sein. Diese vermitteln einige Grundregeln, die beachtet werden sollten.

5.1.1 Was spricht gegen ein Portraitfoto und den Klarnamen?

Grundsätzlich nichts – aber manchen dienstlichen Verwendungen steht es entgegen, wenn umfängliche Inhalte z. B. zur Person, zu Gewohnheiten, zum Bewegungsprofil oder zur Familie im Internet veröffentlicht sind. Insofern sollte der Einzelne abwägen, was er von sich und seinem Umfeld im Netz preisgibt. Im günstigsten Fall wird der/die Betreffende von einer verdeckten dienstlichen Verwendung ausgeschlossen. Im ungünstigsten Fall sind Leib, Leben und die körperliche Unversehrtheit gefährdet, wenn bei einem verdeckten Einsatz die wahre Identität zur Unzeit durch das polizeiliche Gegenüber aufgedeckt wird. Es gibt immer mehr für jedermann verfügbare (legale) Tools, mit denen Bilder recherchiert werden können. So lässt sich relativ leicht auch ein Name zuordnen. Auch lassen sich leicht Profile zu Personen erstellen, aus denen – je nach Privatsphäreeinstellungen eines Accounts – mehr oder weniger viele Informationen ablesbar sind. Beim Datenschutz sind die Menschen von heute pingelig – nur vergessen sie denselben oft, wenn es um Posts in sozialen Netzwerken geht. Die einzelne Information ist meist nicht brisant, aber die Verknüpfung verschiedener Informationen aus unterschiedlichen Netzwerken ergibt ein Bild einer Person. Hier sollte sich jeder selbst kritisch hinterfragen und sein Bewusstsein schärfen, was er anderen fremden Menschen von sich selbst preisgeben möchte.

Gerade Berufsanfänger im Polizeidienst sollten sich daher gut überlegen, ob sie sich mit einem zu freizügigen Auftritt im Internet spätere Möglichkeiten für dienstliche Verwendungen blockieren könnten. Ein einmal gepostetes Bild lässt sich unter Umständen bereits nach wenigen Sekunden nicht mehr einfangen, wenn es unkontrolliert geteilt und auf diversen Computern oder mobilen Endgeräten gespeichert wurde. Dessen sollten sich alle Nutzer sozialer Netzwerke bewusst sein.

Auch Posts, die in geschlossenen Gruppen veröffentlicht werden, sind leicht z. B. als Bildschirmprint weiter zu verteilen. Je nach Brisanz des Inhalts werden so eigentlich nicht für die breite Öffentlichkeit bestimmte Informationen breitflächig und unkontrolliert gestreut. Selbst wenn der eigentliche Post später entfernt wird, so ist es nahezu unmöglich, die gesamte weitere Verteilung nachzuvollziehen oder gar ungeschehen zu machen. Mit einer gezielten Suche über Suchmaschinen lassen sich derartige Inhalte meist leicht wieder auffinden; das Internet vergisst tatsächlich nicht! Vor allem weiß der/die Betreffende nie, wer den Post vielleicht schon auf seinem Rechner gespeichert hat. Von dort kann er nahezu beliebig oft wieder im Internet hochgeladen werden.

5.1.2 Welche Folgen können veröffentlichte Inhalte haben?

Unser polizeiliches Gegenüber schläft vor allem nicht. So sind Polizeibeamte/Polizeibeamtinnen teilweise für ihr Gegenüber keine Unbekannten. Standortposts und Statusmeldungen können u. U. unbewusst Rückschlüsse auf den Standort von Einheiten oder die Personalstärke zulassen.

Letztlich müssen Polizeibeamte/Polizeibeamtinnen auch immer darauf achten, ihre dienstlichen – und damit für den innerdienstlichen Gebrauch bestimmten – Informationen von dem zu trennen, was sie in sozialen Netzwerken preisgeben. Der Verdacht des Verrats von Dienstgeheimnissen steht hier schnell im Raum.

Der Beamte/die Beamtin sollte ebenfalls sorgfältig abwägen, welche Inhalte, Meinungen und Wertungen er/sie über Vorgesetzte und Kollegen im Internet veröffentlicht. Eine verbale Entgleisung im Internet hat ein vollkommen anderes Ausmaß als ein Streit von Angesicht zu Angesicht. Selbst wenn umstehende Kollegen einen solchen mitbekommen, hat das eine andere, geringere Reichweite als ein leichtfertig gesendeter Post in einem sozialen Netzwerk.

> **Beispiel**
>
> Vor einiger Zeit sah ich bei Facebook ein Negativbeispiel: Ein Polizeibeamter eines Landes stellte eine dienstliche Verfügung, die ihm das Verbot des Führens der Dienstgeschäfte mitteilte, als Bild online. Seine private Anschrift hatte er geschwärzt, Vor- und Nachname waren leserlich. Im Weiteren kommentierte er diese Verfügung dann u. a. sinngemäß damit, dass der Polizeipräsident der Polizeidirektion X, ohne Ahnung von Polizei, weil er ein Verwaltungsfuzzi sei, ihn am Arsch lecken könne, und spricht den Polizeipräsidenten dann noch als „Sie Schwachkopf" an.

Noch heute ist das Bild dieser Verfügung sowie der von dem Betreffenden darauf verfasste Antworttext ohne Schwierigkeiten im Internet zu finden, obwohl der Verfasser sein Nutzerprofil mittlerweile auf „nicht öffentlich" umgestellt hat.

Durch eine solche Verbalentgleisung ist der Ermessensspielraum des/der Dienstvorgesetzten zur Einleitung eines Disziplinarverfahrens auf Null reduziert.

Niemals im ersten Ärger posten – immer erst nachdenken und die Folgen abschätzen, dann klicken!

5.1.3 Missbrauch von Sozialen Netzwerken

Sexting bedeutet, Nacktbilder von sich zum Flirten zu verschicken. In der Zeit von Datingportalen, Datingapps und sozialen Netzwerken ist dies ein Trend, der bei einigen Menschen schon fast im Kindesalter beginnt. Gerade im Internet besteht die Gefahr darin, dass man das Gegenüber nicht kennt bzw. nicht weiß, wer sich hinter einem Profil verbirgt. Insofern sollte es wohlüberlegt sein, derartige Aufnahmen zu verschicken, insbesondere dann, wenn die Identität des/der Abgebildeten darauf erkennbar ist. Die heutige jüngere Generation ist häufig in Bezug auf ihre Darstellung im Internet wesentlich unverkrampfter als die mittlere Generation. Dennoch sollte ein zu freizügiger Umgang mit Bildmaterial vermieden werden.

Ein Profil in sozialen Netzwerken anzulegen ist einfach, und auf den ersten Blick kann man dies auch (vermeintlich) anonym tun. Leider kommt es immer wieder vor, dass Fakeprofile von Dritten angelegt werden, um Menschen zu diskreditieren. Davon können auch Polizeibeamte/Polizeibeamtinnen betroffen sein, da die Polizei ein Querschnitt der Gesellschaft ist. Dies betrifft beide Rollen: die des Schädigers und die des Geschädigten. Solche Profile werden häufig aus dem Ärger nach partnerschaftlichen Konflikten heraus angelegt. Dazu zwei Beispiele, die keinesfalls zur Nachahmung anregen sollen:

> **Beispiel**
>
> Eine junge Auszubildende der Polizei schickt ihrem Freund Fotos in Uniform. Nachdem die Freundschaft zerbrochen ist, erstellt der ehemalige Freund mit diesen Fotos ein Fakeprofil bei Facebook. Die Bilder werden mit Hashtags kommentiert, die Drogenkonsum und Interesse an sexuellen Kontakten suggerieren. Dieses Fakeprofil bleibt natürlich Kollegen

nicht verborgen, und so werden Bildschirmprints dieses Fakeprofils quer durch eine ganze Polizei per Messenger verbreitet. Es wird zudem angenommen, dass es sich um ein von der Betroffenen selbst angelegtes Profil handelt. Das Ganze zieht u. a. interne Ermittlungen nach sich, um den Sachverhalt aufzuklären. Auf jeden Fall für die Betroffene ein sehr peinliches Prozedere, zumal Bildschirmprints dieses Fakeprofils u. a. in Messengergruppen geteilt und damit mindestens in dieser gesamten Polizei bekannt wurden.

Meistens gibt es auch noch Querverbindungen zu anderen Polizeien, so dass die Betroffenen regelrecht „verbrannt" sind. Nach allgemeiner Lebenserfahrung haben solche Nachrichten eine enorme Verbreitungsweite und -geschwindigkeit.

Beispiel

In einem anderen Fall hatte sich ein junger Auszubildender der Polizei dazu hinreißen lassen, nackt vor einer Webcam sexuelle Handlungen an sich vorzunehmen. Diese Handlungen wurden von einer Frau aufgezeichnet, und sie legte wiederholt Fakeprofile in sozialen Netzwerken an, in welchen dann diese Videos eingestellt wurden. Der Betroffene offenbarte sich seinen Vorgesetzten, und seitdem wird mit Unterstützung der Behörde versucht, diese Fakeaccounts löschen zu lassen.

Doch auch in diesem Fall gilt: Das Internet vergisst nicht! Erfahrungsgemäß ist es nahezu unmöglich, derartige Videos komplett aus dem Internet zu löschen. Jeder, der ein Video ansieht, hat auch die Möglichkeit, dieses zu speichern und damit immer wieder einzustellen. Oft entwickelt sich ein Schneeballsystem, in dem derartige Inhalte z. B. in Messengergruppen geteilt und aus diesen dann von den Nutzern immer weiter geteilt werden.

Die Betroffenen sollten zur Wahrung ihrer eigenen Interessen sowohl die möglichen strafrechtlichen als auch zivilrechtlichen Schritte einleiten und sich dabei von einem erfahrenen Rechtsbeistand beraten lassen. Je nach Sachverhalt und eventuellem dienstlichen Bezug sollte eine Information von Vorgesetzten erfolgen.

Weder Männer noch Frauen noch Diverse sollten sich dazu verleiten lassen, vor der Webcam nackt zu posieren und/oder sexuelle Handlungen an sich vorzunehmen. Das Gegenüber kann unbemerkt Standbilder und Videos aufnehmen und der/die Posierende weiß nie, was mit diesen Bildern/Videos passiert – und wann sie in welcher Form und in welchem Zusammenhang wieder auftauchen.

Im Übrigen gilt der vorstehende Tipp auch für das reale Leben. Erotische Bilder und Videos sollten gut überlegt sein, sofern man willentlichen Einfluss darauf hat. Oftmals entstehen solche Aufnahmen in einer vertrauensvollen Partnerschaft und gerade, wenn sich bei deren Beendigung ein Zerwürfnis ergibt, dann können derartige Dinge schnell kompromittierend werden. Glücklicherweise gibt es eine geringe Anzahl von Menschen, die Derartiges zu widerrechtlichen Zwecken einsetzt. Dennoch ist das Nichterstellen solcher Aufnahmen die beste Prävention.

Vereinzelt gibt es auch Fälle, in denen intime Aufnahmen ohne Wissen des/der Betreffenden erstellt werden. Durch die hohe Aufnahmequalität und geringe Größe der heutigen Kameratechnik ist es von der technischen Seite her unproblematisch auch für technische Laien möglich, unbemerkt Aufnahmen zu erstellen und diese ggf. auch widerrechtlich zu verwenden.

Dieses traurige Beispiel hat sich tatsächlich vor Längerem ereignet:

Beispiel

Eine Polizeibeamtin, deren Ehemann ebenfalls Polizist und im Aufstiegsverfahren in den gehobenen Polizeivollzugsdienst und damit über einen längeren Zeitraum überwiegend abwesend war, ließ sich auf ein außereheliches sexuelles Verhältnis mit einem ebenfalls verheirateten Kollegen ein. Dieser Kollege filmte heimlich den einvernehmlichen Geschlechtsverkehr. Als die Polizistin das Verhältnis beenden wollte, erpresste er sie mit diesem Filmmaterial zu weiteren Treffen und zum Geschlechtsverkehr. Für den Fall, dass sie seinen Forderungen nicht mehr nachkommen sollte, stellte er die Veröffentlichung des Filmmaterials in Aussicht. Die Polizistin entschied sich schließlich dazu, sich ihrem Ehemann zu offenbaren. Nach dieser Offenbarung erstattete sie eine Strafanzeige. Daraufhin erfolgte bei ihrem ehemaligen Verhältnis eine Wohnungsdurchsuchung einschließlich der Durchsuchung des Pkw. Die ausgewerteten Daten des Navigationsgerätes und das weitere aufgefundene Beweismaterial untermauerten die Zeugenaussage dieser Kollegin. Vor dem zuständigen Amtsgericht wurde Anklage erhoben. Zu Beginn des Verfahrens regte der zuständige Richter eine Verständigung der Parteien an, die dann auch erfolgreich verlief. Aufgrund dieser kam es zu einer Einstellung des Strafverfahrens. Innerhalb der Dienststelle war die Angelegenheit publik geworden. So musste die Kollegin viele hässliche verbale Äußerungen über sich ergehen lassen. Schließlich entschied sich das Ehepaar, sein Eigenheim zu veräußern und in einer anderen Region einen Neuanfang zu wagen. Trotz dieses Schrittes kriselte es in der Ehe immer heftiger. Hinzu kam, dass der neue Dienstvorgesetzte u. a. aufgrund von Fehlzeiten der Kollegin ein vorzeitiges Zurruhesetzungsverfahren initiierte. Diesen Druck im privaten und dienstlichen Leben hielt die Kollegin schließlich nicht mehr aus und entschied sich dafür, sich das Leben zu nehmen.

Hierbei handelt es sich um einen besonders drastischen Einzelfall, aber gerade längerfristige Abwesenheiten – ob nun durch einen Auslandseinsatz oder eine lange dauernde Fortbildung – machen beide Seiten anfällig für ein Ausbrechen aus einer bestehenden Ehe/Partnerschaft. Gerade in

Momenten, in welchen die menschlichen Hormone eine den Verstand überlagernde Rolle einnehmen, sind alle Geschlechter anfälliger für einen Seitensprung. In dieser Konstellation fällt es fast allen Menschen schwer, rational die möglichen Folgen eines derartigen Ausbruchs zu erfassen. An einer Ehe/etablierten Partnerschaft, gerade wenn auch Kinder daraus hervorgegangen sind, hängen sehr viele Verpflichtungen. Vor allem fällt nach einiger Zeit die „rosarote Brille" des Seitensprungs ab; der Reiz des Neuen vergeht. Daher ist oft die Neigung groß, in der bestehenden Ehe/Partnerschaft zu bleiben. Gerade, wenn sich – wie in dem o. a. Beispiel die Ehe/Partnerschaft und der Seitensprung – innerhalb einer Polizeiorganisation abspielen – ziehen sich die (unangenehmen) Folgen bis in den dienstlichen Bereich.

5.1.4 Nutzergruppen in sozialen Netzwerken

In sozialen Netzwerken gibt es Nutzergruppen, in denen sich Menschen zusammenschließen können. Diese Gruppen können unterschiedliche Sicherheitseinstellungen haben. So gibt es öffentliche Gruppen, denen jeder selbst beitreten kann, geschlossene Gruppen oder auch geheime Gruppen. In geschlossenen Gruppen bestimmen Administratoren, wer beitreten darf. Geheime Gruppen sind für Nicht-Gruppenmitglieder nicht sichtbar. Auch dort bestimmt ein Administrator, wer in die Gruppen aufgenommen wird.

Mit Polizeibezug gibt es in sozialen Netzwerken diverse Gruppen. Teilweise haben diese Gruppen mehrere tausend Mitglieder. Ein Vorteil ist, dass in solchen Gruppen die Kontaktaufnahme unter Kollegen möglich und gewünscht ist, die sich vielleicht auch über die Jahre aus den Augen verloren haben. Ein Nachteil besteht darin, dass im Regelfall nicht festgestellt wird, ob jemand tatsächlich Angehöriger der Polizei ist oder war. Dies bedeutet, dass aus derartigen Gruppen immer die Gefahr von Informationsabflüssen besteht. Somit ist gut zu bedenken, welche Inhalte in diesen Gruppen veröffentlicht werden.

Seitens der Administratoren sollte darauf geachtet werden, ob beleidigende oder andere inhaltlich bedenkliche Posts veröffentlicht werden. Dann ist hier ggf. eine Intervention erforderlich. Grundsätzlich besteht auch eine Einstellungsmöglichkeit, dass neue Beiträge vor der Veröffentlichung von den Administratoren frei gegeben werden müssen. Dies bedingt für diese dann – je nach Veröffentlichungsaufkommen – einen hohen Zeitaufwand.

Problematisch ist auch die Veröffentlichung von Bildern in derartigen Gruppen. Gerade bei Gruppenbildern ist davon auszugehen, dass fast nie alle abgebildeten Personen um ihr Einverständnis ersucht wurden.

5.1.5 Nutzung von Messengerdiensten wie WhatsApp, Telegram & Co.

Messengerdienste zählen seit einigen Jahren zu den Hauptkommunikationsmitteln. Mit ihnen kann man direkt kommunizieren, Bilder und Videos inklusive. Es lassen sich Gruppen einrichten und deren Mitglieder werden dann zeitgleich mit einer Information versorgt. Das Einrichten solcher Gruppen ist mittlerweile sehr populär und führt dazu, dass Informationen aus Text, Sprachnachricht, Bild, Video oder Kombinationen aus verschiedenen Elementen im Schneeballsystem in sehr kurzer Zeit eine große Reichweite haben. Oftmals ist die Kommunikation auch nicht exakt in privat oder dienstlich zu trennen. Vielfach gibt es inhaltliche Mischformen der Kommunikation.

5.1.5.1   Zur privaten Kommunikation

Unter den meisten Polizisten ist die Nutzung von Messengerdiensten heute weit verbreitet. Grundsätzlich kann dies eine gute Möglichkeit sein, schnell Informationen auszutauschen. Dies betrifft sowohl den Dialog als auch Gruppen, die im Messenger angelegt werden können.

Einige Punkte sind bei der Überlegung bedenkenswert, welchen Informationsinhalt der Absender in Messengerdiensten verteilen darf. Dabei ist auf die Einhaltung der dienstlichen Sicherheitsstandards und auf die Wahrung von Dienstgeheimnissen größter Wert zu legen.

Ein anderer Punkt ist die Gruppenzusammensetzung. Solange in einer Gruppe gleichgeordnete Kollegen Informationen austauschen, bleibt dies im Regelfall unproblematisch. Hier sollten ggf. Spielregeln miteinander vereinbart werden, welche Informationen über den Messenger verteilt werden. Sonst kann dieses Medium sehr schnell nervig statt nützlich werden.

Interessanter wird es, wenn ein Vorgesetzter/eine Vorgesetzte Mitglied einer solchen Gruppe ist. Dieser Umstand lässt sich aus zwei Blickwinkeln betrachten. Zum einen ist die Sicht der Mitarbeiter: Soll der/die Vorgesetzte alle Informationen erhalten? Zum anderen ist die Sicht des Vorgesetzten: Will der/die Vorgesetzte alles wissen, was die Mitarbeiter miteinander austauschen? Schließlich bedeutet Wissen auch Verantwortung!

In der heutigen Zeit duzen sich Vorgesetzte und Mitarbeiter häufig. Dagegen ist nichts einzuwenden, solange die Rollen klar definiert sind und gegenseitiger Respekt vorhanden ist. Daraus lässt sich ohne weiteres der Standpunkt vertreten, dass der/die Vorgesetzte ein Teil des Teams ist und an allen Informationen bedenkenlos beteiligt werden kann.

Dennoch hat der/die Vorgesetzte Verantwortlichkeiten und muss damit ggf. einschreiten, wenn fragwürdige Fotos, Videos, Sprachnachrichten oder Textinhalte versendet werden. Wenn es hier zum Hinterfragen des Informationsflusses kommt, wird der Aspekt, wann welche Information wem zur Kenntnis gelangt ist, stets eine besondere Bedeutung erlangen.

Daher ist deutlich abzuwägen, wer Mitglied einer solchen Gruppe ist und welche Inhalte dort verteilt werden. Erfahrungsgemäß gehen die meisten Mitglieder verantwortungsvoll mit derartigen Gruppen um. Leider gibt es immer wenige Ausnahmen, die dann u. U. zu erheblichen Konflikten bis hin zu Straftatverdachten führen können.

Gerade in Bezug auf z. B. radikale oder extreme politische Inhalte, Bezug zu Reichsbürgern oder zur identitären Bewegung reagieren die Polizeien aufgrund unterschiedlicher öffentlichkeitswirksamer Vorkommnisse sehr sensibel. Schließlich müssen Polizeibeamte/Polizeibeamtinnen zu jeder Zeit die Gewähr dafür bieten, für die freiheitlich demokratische Grundordnung einzutreten.

Solche Messengergruppen sind grundsätzlich geschlossene Gruppen. Die populärsten Anbieter entsprechender Apps bieten heute eine Ende-zu-Ende-Verschlüsselung an. Wie gelangen nun Inhalte aus solchen (geschlossenen) Gruppen an Vorgesetzte oder die Öffentlichkeit? Hier gibt es unterschiedliche Möglichkeiten, und einige davon sollen nachfolgend dargestellt werden.

Auch auf den Austausch über Messenger trifft das zu, was bereits in Bezug auf soziale Netzwerke ausgeführt wurde: Nach dem Senden einer Information – unabhängig von Informationsform und Informationsgehalt – ist der Sender/die Senderin nicht mehr Herr dieser Information. Die Empfänger/Empfängerinnen können nach ihrem Belieben mit dieser Information verfahren, d. h. sie kann – genau wie eine E-Mail oder ein Post in sozialen Netzwerken – mit anderen Einzelpersonen oder Gruppen geteilt werden. Je mehr Personen Kenntnis von einer Information erhalten, desto größer ist die Gefahr, dass diese Information den Nutzerkreis verlässt. Es gibt geradezu „virale Hits", die dann eine sehr weite Verbreitung finden.

Es gab auch schon mehrere reale Beispiele dafür, dass für einzelne Gruppenmitglieder der Informationsgehalt nicht mehr tragbar war. Diese haben sich dann Vorgesetzten, Ermittlungsbehörden, Abgeordneten oder Medienvertretern offenbart und ihre Chatverläufe offengelegt. An diesem Punkt wird es dann interessant, weil andere Personen aus ihrem Blickwinkel den Informationsinhalt untersuchen und bewerten. Eine interne Untersuchung durch Vorgesetzte wird mehr oder minder geräuschlos ablaufen, weil eine dienstrechtliche Untersuchung dem Datenschutz unterfällt. Hier dringen höchstens durch Vernehmungen von Zeugen/Zeuginnen oder durch die Betroffenen selbst Inhalte nach außen. Eine andere Dimension entsteht, wenn sich Parlamentsabgeordnete oder Medienvertreter mit Chatverläufen befassen. Dann werden diese mit an Sicherheit grenzender Wahrscheinlichkeit öffentlich.

So gab es einen Fall, in welchem sich Polizeischüler/ Polizeischülerinnen an einen Landtagsabgeordneten wendeten und diesem ihre Chatverläufe übergaben. Dieser Landtagsabgeordnete nahm dies zum Anlass, die Inhalte als Anhang zu einer Pressemitteilung zu veröffentlichen. Als Folge wurden sie nicht nur im Landtag Gegenstand von Erörterungen, auch unterschiedliche Medien griffen diese auf. Schließlich führte der Fall sogar zu personellen Veränderungen auf der Leitungsebene einer Ausbildungseinrichtung der Polizei, weil durch diese Umstände ein entsprechender politischer Druck entstand.

In einem anderen Beispiel wendeten sich einzelne Mitarbeiter/Mitarbeiterinnen einer Dienststelle an Medienvertreter/Medienvertreterinnen. Hier ging es um den Verdacht, dass ein Flüchtling in den Räumen einer Polizeidienststelle misshandelt worden sein sollte. Sehr eingängig war damals das Bild, welches in den Medien auftauchte: eine männliche Person, die in verrenkter Haltung mit den Beinen nach oben auf dem Boden lag. Ein weiteres eingängiges Bild war ein Kloß Schweinemett. Wie gehören diese beiden Bildinformationen inhaltlich zusammen? Im Chat eines Messengers wurde von einem Polizisten behauptet, diese Person misshandelt zu haben. U. a. soll der muslimische Flüchtling gezwungen worden sein, vom Boden verdorbenes Schweinemett zu essen. Diese Behauptungen wurden an Medienvertreter weitergegeben und danach setzte eine mediale Lawine ein: Die beschriebenen Bilder und Behauptungen fanden nicht nur in Deutschland eine erhebliche mediale Verbreitung, sondern auch weltweit. Es entstanden dann auch immer wieder neue Vorwürfe, welche tagelang von den Medien aufgenommen wurden. Dies löste straf- und disziplinarrechtliche Ermittlungen erheblichen Umfangs aus. Was dann meistens keine großen Schlagzeilen und Fernsehberichte mehr auslöst, sind die Ermittlungsergebnisse. So stellte sich u. a. heraus, dass es die kolportierten Misshandlungen so nicht gegeben hat. Insbesondere das behauptete erzwungene Essen verdorbenen Schweinemetts vom Fußboden hat es nicht gegeben. Welche Folgen gab es noch? Hier sind jetzt weniger die dienst- und strafrechtlichen Folgen als die Folgen im Verhältnis zwischen Polizeibeamten/Polizeibeamtinnen und Bürgern/Bürgerinnen gemeint. Nachdem die Misshandlungsvorwürfe öffentlich wurden, verschlechterte sich das Verhältnis zwischen Polizisten und Bürger/Bürgerinnen für eine gewisse Zeit. Die Polizisten/Polizistinnen wurden teilweise angefeindet, wenn sie in Uniform auf Streife unterwegs waren. Vor allem wurden alle Beamte/Beamtinnen in der Öffentlichkeit über einen Kamm geschoren, obwohl es nur einige wenige „schwarze Schafe" waren, die die Behauptungen und Bilder in der Öffentlichkeit verbreiteten. Und da das Internet bekanntermaßen nicht vergisst, sind diese Vorfälle mit dem Hashtag #Polizeigewalt und dem Dienststellenort immer noch nachzulesen – obwohl der Vorfall jetzt schon einige Jahre zurückliegt.

> Messenger sind nützliche und weit verbreitete Kommunikationsmittel. Jeder Nutzer sollte jedoch kritisch reflektieren, welche Inhalte er dort verschickt, denn es ist immer damit zu rechnen, dass diese Inhalte dritten Personen bekannt oder sogar öffentlich werden. Mit dem Absenden ist man nicht mehr Herr seiner Informationen und kann deren Verbreitung nicht mehr beeinflussen.

5.1.5.2   Zur dienstlichen Kommunikation

> **Beispiel**
>
> PK Sorglos und PHM Schlau sind gemeinsam auf einer Streife unterwegs. Sie führen eine polizeiliche Identitätsprüfung durch und versuchen, eine Personenabfrage über Funk durchzuführen, doch die Funkverbindung ist an diesem Ort gestört. Ihre privaten Smartphones funktionieren aber. So kommt PHM Schlau auf den Gedanken, ein Foto des Ausweises der zu kontrollierenden Person per Messenger an einen Kollegen in der Leitstelle zu übermitteln.

So könnte ein denkbares Szenario aussehen. In einigen Polizeien gibt es schon entsprechende dienstliche Hinweise für die Beamte/Beamtinnen. Ein privates Smartphone darf für eine derartige polizeiliche Maßnahme keinesfalls eingesetzt werden. Hier gibt es gleich mehrere bedenkenswerte Punkte: zum einen den Datenschutz, zum anderen ist oft nicht sicher, wer die Hoheit über die übermittelten Daten hat. Diese könnten auf ausländischen Servern landen und damit wären unkontrollierte Datenabflüsse möglich.

Die Polizeien entwickeln sich fortlaufend technisch weiter. So sind mittlerweile in verschiedenen Polizeien dienstliche Smartphones oder Tablets im Einsatz, die derartige Möglichkeiten über gesicherte Verbindungen und teilweise auch polizeieigene Apps zur Verfügung stellen. Die Verbreitung dieser Endgeräte befindet sich noch im Aufbau und der Weiterentwicklung. Insofern ist die Anzahl der Geräte noch limitiert.

5.2 Private Kenntnisnahme von Straftaten

Es gibt keine verbindlichen Festlegungen, bei welchen Straftaten, von denen der Polizeibeamte außerdienstliche Kenntnis erlangt, er der Strafverfolgungspflicht unterliegt. Anerkannt ist, dass die außerdienstlich erlangte Kenntnis von Privatklage- oder Antragsdelikten die Strafverfolgungspflicht nicht auslösen. Das nachfolgende Zitat gibt einen anerkannten Handlungsrahmen:

> „Eine Strafverfolgungspflicht besteht für die entsprechenden Amtsträger grundsätzlich im Fall von dienstlich erlangtem Wissen. Dies soll auch in dem Fall gelten, dass die dienstliche Kenntnis auf einem umlaufenden Gerücht basiert. Bei Amtsträgern mit Doppelstellung ist diejenige Kenntnis, die er nicht als Strafverfolgungsorgan erlangt, jedoch als außerdienstliche Kenntniserlangung einzuordnen.
>
> Auch bei außerdienstlicher Kenntniserlangung wird eine Strafverfolgungspflicht von der herrschenden Meinung unter bestimmten Voraussetzungen bejaht. So soll eine Pflicht zum

Einschreiten dann anzunehmen sein, wenn die Abwägung des Strafverfolgungsinteresses mit dem Interesse des Beamten am Schutz seiner Privatsphäre wegen der Schwere der Tat ein Überwiegen des öffentlichen Interesses ergibt. Strafvereitelung kommt hiernach bei solchen Straftaten in Betracht, welche nach Art oder Umfang „die Belange der Öffentlichkeit und der Volksgesamtheit in besonderem Maße berühren". Eine Pflicht zum Einschreiten soll danach regelmäßig bei Katalogtaten des § 138 Strafgesetzbuch sowie bei sonstigen schweren Straftaten bestehen. Entsprechend soll die Kenntnis vom Bestehen eines Haftbefehls einen Amtsträger nur dann zur außerdienstlichen Festnahme verpflichten, wenn dieser wegen eines schweren Verbrechens ergangen ist. Nunmehr hat der Bundesgerichtshof den Anwendungsbereich des § 258a Strafgesetzbuch bei außerdienstlicher Kenntniserlangung jedoch auf während der Dienstausübung fortwirkende Straftaten, wie Dauerdelikte, fortgesetzte oder auf ständige Wiederholung angelegte Handlungen, beschränkt. Die Ansicht, welche eine Handlungspflicht bei außerdienstlicher Kenntniserlangung grundsätzlich ausschließt, will teilweise dann eine Ausnahme machen, wenn dem Amtsträger die Kenntnis gerade wegen seiner besonderen Funktion bzw. seiner dienstlichen Stellung verschafft wird. Außerdienstlich erlangte Kenntnisse können angesichts der Notwendigkeit privater Freiräume nicht in jedem Fall eine Strafverfolgungspflicht nach sich ziehen; auf der anderen Seite ist ein völliges Außerachtlassen dieser Kenntnisse mit der besonderen Stellung der betroffenen Amtsträger im Hinblick auf den staatlichen Sanktionsanspruch nicht vereinbar. Mit der herrschenden Meinung ist daher eine Abwägung im Einzelfall mit Blick auf die Schwere der Straftat vorzunehmen" [1].

Der Polizeibeamte/die Polizeibeamtin sollte bei Verbrechen und bei schwerwiegenden Vergehen auf jeden Fall der zuständigen Behörde oder dem möglichen Verletzten Kenntnis geben. Damit vermeidet er, wegen der o. g. Straftaten belangt zu werden.

Grundsätzlich hat der Polizeibeamte/die Polizeibeamtin auch die Möglichkeit, sich bei der Kenntnisnahme von Straftaten in den Dienst zu versetzen. Dies sollte jedoch im Einzelfall gut abgewogen werden. Allein aus Gründen der Eigensicherung ist es lageabhängig indiziert, die Straftat z. B. über den Notruf zu melden. Ein alleiniges Einschreiten ohne die notwendigen Führungs- und Einsatzmittel könnte zu einer erheblichen Eigengefährdung führen.

Literatur

1. Tsambikakis in: Leipold/Tsambikakis/Zöller, Anwaltkommentar StGB, 2. Aufl. 2015, § 258a

6

Dienstliche Stressoren

Im Dienst gibt es eine ganze Reihe von Stressoren, mit denen ein Polizeibeamter umgehen muss. Es liegt an jedem selbst, seine persönlichen Stressoren herauszuarbeiten, zu bewerten und damit umzugehen. Das Empfinden von Stress ist bei jedem Menschen unterschiedlich ausgeprägt und damit auch sehr subjektiv. Dabei ist nicht jeder Stressor für jeden Beamten/jede Beamtin automatisch negativ. Dennoch ist es wichtig, sich mit stressbelasteten Einflüssen auseinanderzusetzen und damit richtig umzugehen. Noch viel wichtiger ist, sich seine persönliche Stressbewältigungsstrategie zu erarbeiten. Diesbezüglich sind die Menschen sehr verschieden; daher ist das eine sehr individuelle und subjektive Angelegenheit.

© Springer Fachmedien Wiesbaden GmbH, ein Teil von Springer Nature 2020
N. Bernstein, *Der Anti-Stress-Trainer für Polizisten*, Anti-Stress-Trainer, https://doi.org/10.1007/978-3-658-12475-5_6

6.1 Persönliches Informationsmanagement

In unserer heutigen dienstlichen Gesellschaft ist es regelmäßig nicht das Problem, Informationen zu erhalten, sondern die Menge der Informationen für sich selbst zu ordnen, zu managen. Dabei ist Prioritätensetzung ein wichtiger Punkt.

6.1.1 E-Mail

Der Großteil des dienstlichen Informationsflusses erfolgt heute über das E-Mailsystem. Schauen wir einmal knapp zwanzig Jahre zurück, da wurden viele Informationen noch per Fernschreiben verteilt. Die Fernschreiben waren lange Papierstücke, die zum Kopieren erst in ein DinA4-ähnliches Format gerissen oder geschnitten werden mussten. Es waren einige Durchschläge vorhanden, die dann verteilt werden konnten. War ein umfangreicher Verteiler notwendig, so mussten Kopien gefertigt werden. Aufgrund des dünnen Papiers musste dann jeder Abschnitt einzeln in den Kopierer eingelegt werden. Folglich hat sich der verantwortliche Mitarbeiter/die verantwortliche Mitarbeiterin genau überlegt, wer diese Information benötigt und hat diese dann ggf. auch als Umlauf gesteuert.

Warum dieser Ausflug in die jüngere Geschichte? Im heutigen Mailsystem wählt jeder Mitarbeiter/jede Mitarbeiterin selbst seinen/ihren Informationsverteiler aus. Dies gilt zumindest dort, wo es keine Standardverteiler gibt. Dies führt häufig dazu, dass viele Mitarbeiter/Mitarbeiterinnen an einer Mail beteiligt werden. Oftmals ist aber aus der Mail nicht ersichtlich, wer die Federführung für einen Vorgang hat. So kann der Effekt sein, dass alle den Vorgang bearbeiten oder eben auch keiner. Im ungünstigsten Fall kommen sogar gegenläufige Ergebnisse heraus. Ein weiteres Manko an der E-Mail-Verteilung ist, dass oftmals eine große Anzahl Dateianhänge in einer E-Mail enthalten sind. Es ist so manches Mal eine Kunst herauszufinden, mit welchem Anhang der Bearbeiter/die Bearbeiterin beginnen muss. Es ist wesentlich einfacher, zuerst den Bearbeitungsauftrag zur Kenntnis zu nehmen und die anderen Informationen zielgerichtet durchzuarbeiten. Leider passiert es allzu oft, dass erst alle Schreiben durchgesehen werden müssen und dann – Murphy's Law folgend – ist der Bearbeitungsauftrag im letzten Schreiben enthalten.

Eine weitere Falle ist, an einer Information cc beteiligt zu werden. Wem ist das noch nicht passiert, dass er sich „den Schuh angezogen hat" und mit der Bearbeitung begonnen hat, obwohl er die Information nur nachrichtlich zur Kenntnis erhalten hat?

Aller guten Dinge sind drei: so gibt es noch die Beteiligung per Blindkopie, das bcc. Unpassend ist in dieser Form der Beteiligung, dass sich der Mitleser/die Mitleserin zu Wort meldet und die anderen Beteiligten aktiv anschreibt. So offenbart dieser für die anderen nicht erkennbare Empfänger, dass er/sie Kenntnis von einer Information erhalten hat. Für das innerdienstliche Vertrauensverhältnis sind derartige Vorgänge eher abträglich.

Ein E-Mail-Programm bietet die Möglichkeit, sich bestimmte Sortiertechniken zunutze zu machen. Damit können Maileingänge leicht vorstrukturiert werden und der Empfänger kann für sich die Prioritäten bei dieser Vorsortierung setzen. Gerade bei vielen Maileingängen erleichtert dies die Bearbeitung enorm.

Ein weiterer hilfreicher Punkt ist, sich eine Ablagestruktur anzulegen, in der Mails archiviert werden. Sowohl der einzelne Mitarbeiter/die einzelne Mitarbeiterin wie auch eine Organisationseinheit sollten sich diesbezüglich Gedanken machen. Elektronisch archivierte Vorgänge haben den

Vorteil, dass sie elektronisch recherchierbar sind. Suchfunktionen erleichtern die Suche gerade in komplexen Vorgängen deutlich. Daher ist es zielführend, sich eine Struktur zu erstellen. Diese kann z. B. nach Datum, nach Aktenzeichen oder Themen gegliedert werden. Wenn alle Mitarbeiter/Mitarbeiterinnen einer Organisationseinheit gleichermaßen angelegt werden, wird damit eine gut strukturierte Ablage einer Organisationseinheit erreicht. Das erleichtert vor allem auch das Übergeben von Vorgängen oder die Integration von neuen Mitarbeitern/Mitarbeiterinnen, die sich dann in den Vorgängen leichter zurechtfinden.

In der persönlichen Ablage hat nahezu jeder sein eigenes System. Entscheidend ist, dass der Einzelne sich in „seinem System" zurechtfindet und damit effizient arbeiten kann.

6.1.2 Intranet

Das Intranet bietet seitens der Organisation Polizei die Möglichkeit, den Mitarbeitern/Mitarbeiterinnen dienstlich erforderliche Unterlagen und Informationen zur Verfügung zu stellen sowie Öffentlichkeitsarbeit nach innen zu betreiben. Für die Mitarbeiter/Mitarbeiterinnen bietet es am dienstlichen Arbeitsplatzcomputer die Möglichkeit, sich über unterschiedliche Themen zu informieren und somit am dienstlichen Geschehen teilzuhaben.

Die verfügbaren dienstlichen Unterlagen sind sehr umfänglich. Leider ist die Suchfunktion oft nicht zufriedenstellend, so dass der Mitarbeiter/die Mitarbeiterin nahezu alle Informationen finden kann, aber manchmal nicht auf die Schnelle. Eine Erleichterung ist es meist, wenn der Mitarbeiter/die Mitarbeiterin eine grobe Vorstellung hat, wie die Informationen strukturiert sind. Dann ist das Auffinden oft schneller möglich als mit der Suchfunktion.

Aus Gründen des Geheimschutzes fragwürdig ist, dass Verschlusssachen der Geheimhaltungsstufe „Nur für den

Dienstgebrauch" im Intranet frei zugänglich eingestellt sind. Vorangestellt ist zwar stets die Passage, dass eine Kenntnisnahme nur aus dienstlicher Notwendigkeit erfolgen soll. Dennoch birgt dieser freie Zugang ein hohes abstraktes Missbrauchspotenzial. Hier könnte argumentiert werden, dass die Intranetnutzung mit entsprechender administrativer Berechtigung nachvollziehbar ist. Andererseits werden derartige Recherchen meist erst dann ausgelöst, wenn tatsächliche Verdachtsmomente für eine missbräuchliche Nutzung vorhanden sind.

6.1.3 Internet

Am dienstlichen Computer ist grundsätzlich zu unterscheiden, ob es sich um einen vernetzten Arbeitsplatz oder einen Stand-alone-Rechner handelt. Im Netzwerk sind aus Gründen der IT-Sicherheit die Internetzugänge häufig stark reglementiert. Somit kann auf viele auch dienstlich notwendige Informationen nicht zurückgegriffen werden.

Bessere Möglichkeiten bieten dann wieder Stand-alone-Rechner. Diese haben einen freien Internet-Zugang, welcher gerade für Ermittlungstätigkeiten einen nahezu unbeschränkten Internetzugriff ermöglicht.

6.2 Persönliche Fortbildung

Heute sprechen wir vom lebenslangen Lernen. Dies betrifft Polizisten/Polizistinnen genauso wie jede andere Berufsgruppe. Jeder Beamte/jede Beamtin sollte in Absprache mit seinem/ihrem Vorgesetzten seinen/ihren Fortbildungsbedarf festlegen. Unterschieden wird hier meist nach dienststelleninterner Fortbildung und Fortbildungsangeboten externer Anbieter. Zur dienststelleninternen Fortbildung gehört auch das Polizeitraining, welches in einem späteren

Kapitel näher betrachtet werden soll. Je nach innerbehördlichem Planungsprozess muss dieser Fortbildungsbedarf im Regelfall langfristig angemeldet werden. Dies ist abhängig vom Planungszyklus, welcher z. B. halbjährlich oder jährlich sein kann.

> Persönliche Fortbildung genauso wie Urlaub fest in die eigene Jahresplanung aufnehmen. Damit vermeidet man Stress durch notwendige Umplanungen und sorgt für eine optimale Nutzung knapper Fortbildungsangebote.

Durch die Ausbildungsoffensive sind die Fortbildungsangebote in den Polizeien stark reduziert. Das hängt damit zusammen, dass Ressourcen wie Ausbildungspersonal und Betten in Schuleinrichtungen nur einmal vergeben werden können. Das bedeutet, wenn ein Auszubildender/eine Auszubildende ein Bett belegt, so steht es für einen fortbildungsbedürftigen Beamten/eine fortbildungsbedürftige Beamtin nicht mehr zur Verfügung. Aktuell und auch in den folgenden Jahren hat die Ausbildung von Polizeibeamten/Polizeibeamtinnen Priorität, und dieser Priorität muss sich die Fortbildung unterordnen.

Für die Fortbildung gibt es in der Behörde Prioritäten: gesetzliche Fortbildungen, Fortbildungen zum Erhalt interner Lizenzen, weitere Fortbildungsangebote. Im Ergebnis ist die Fortbildung seit einigen Jahren eine knappe Ressource geworden. Die Dienststellen sind somit gefordert, eigene Fortbildungsangebote zu realisieren, um die Fortbildungsprioritäten abdecken zu können.

Eine Alternative ist, moderne Technologien wie E-Learning für die Fortbildungsangebote nutzbar zu machen. Hier sind die Polizeien unterschiedlich aufgestellt, und nicht jedes Thema eignet sich für eine Vermittlung per E-Learning. Verkannt wird beim Thema E-Learning sehr häufig, dass die Unterrichtsvorbereitung mindestens genauso zeitaufwendig ist wie für einen Präsenzunterricht. Dies gilt im Übrigen genauso für die Unterrichteten. E-Learning kann zwar theoretisch überall durchgeführt werden, wo eine Internetverbindung verfügbar ist, dennoch benötigt auch der Unterrichtete Dienstzeit, um den Lernstoff zu bearbeiten. Abzuwägen ist ebenfalls, ob der Unterrichtsstoff einen Verschlusssachencharakter hat und damit nur auf dienstlichen Rechnern bearbeitet werden darf oder ob die Lerninhalte von jedem beliebigen Internetanschluss aus zu bearbeiten sind.

> E-Learning ist eine gute Alternative zu herkömmlichen Fortbildungsangeboten. Es muss aber auch die Dienstzeit eingeräumt werden, um die Inhalte zu erstellen und zu bearbeiten.

Wird die notwendige Zeit für E-Learning nicht eingeräumt, so führt das schnell zu Frustration bei den Lehrenden, aber auch bei den Unterrichteten. Dies wird zwangsläufig dazu führen, dass das System nicht akzeptiert wird.

6.3 Auswirkungen des Arbeitsumfeldes

Eine Dienststelle in Milieubereichen kann sehr schnell zur Verrohung führen. Eine solche Dienststelle merkt man Kolleginnen/Kollegen manchmal bereits am sprachlichen Ausdruck an. Sehr häufig geht damit auch ein respektloser Umgang mit dem polizeilichen Gegenüber einher. Letztlich hat unser Gegenüber ein Recht darauf, angemessen behandelt zu werden. Dies beginnt bereits bei der Anrede und setzt sich beim weiteren polizeilichen Handeln fort.

Für Polizisten/Polizistinnen ist es ein Stressfaktor, häufig mit Menschen zu tun zu haben, die in der Gesellschaft zu den untersten Schichten gehören oder Randständige sind. Dennoch sollte der Beamte/die Beamtin hierzu eine gesunde Distanz wahren.

> Wenn sich abzeichnet, dass das Arbeitsumfeld zu einer persönlichen negativen Veränderung führt, sollte ein Tätigkeitswechsel angestrebt werden.

6.4 Arbeitsbedingungen

Der bauliche Zustand von Polizeidienststellen ist sehr unterschiedlich. Zwischenzeitlich wurden die Immobilien überwiegend in Immobilienanstalten des Bundes (BImA) bzw. der Länder überführt. Die Polizei ist in den meisten Fällen lediglich noch der Mieter der Gebäude/Liegenschaften. Teilweise werden die Büroräume auch von privaten Anbietern angemietet, wie z. B. in Bahnhöfen oder auf Flughäfen.

Gerade in den größeren Liegenschaften, wie z. B. Abteilungen der Bereitschaftspolizei, sind die Veränderungen augenscheinlich. Vor der Überführung der Immobilien an die BImA war es so, dass Tarifbeschäftigte für die Pflege der Liegenschaft zuständig waren. Dazu gehörten z. B. der Winterdienst, der Baum- und Strauchschnitt und auch die übliche Pflege. Es waren eigene Handwerker beschäftigt, die für die alltäglichen Wartungsarbeiten zuständig waren. Für die Reinigungsarbeiten innerhalb der Gebäude gab es Reinigungskräfte, die unmittelbar beschäftige Mitarbeiter/Mitarbeiterinnen waren. Diese Zustände haben sich bis heute deutlich verändert. Die Tarifbeschäftigten wurden als Mitarbeiter/Mitarbeiterinnen in die BImA überführt. Das Personal wurde schrittweise abgebaut, und teilweise werden

Arbeiten durch Fremdfirmen erledigt. Problematisch ist, dass die BImA zu einem anderen Ressort gehört, nämlich dem Finanzressort. Darüber hinaus spielen bei Baumaßnahmen noch die entsprechenden Landesbaubehörden eine Rolle. Der geneigte Leser/die geneigte Leserin wird schon ahnen, worauf diese Aufzählung hinausläuft: es ist komplizierter geworden. Durch die unterschiedlichen Zuständigkeiten sind verschiedene Player zu beteiligen, und je nach den handelnden Menschen vor Ort läuft die Zusammenarbeit dann mehr oder weniger reibungslos.

Die vormals in den Dienststellen vorhandenen Reinigungskräfte gehörten zu den Mitarbeitern/Mitarbeiterinnen der Dienststelle. Daher war es einfach, neben den üblichen Reinigungsplänen auch einmal Sonderreinigungen zu erhalten. Dazu bedurfte es im Regelfall nur eines Gesprächs. Das ist heute anders. Es gibt komplizierte Vertragswerke mit Reinigungsfirmen, mit den üblichen komplexen Ausschreibungsverfahren, die ihnen vorausgehen. Bedarf es unter diesen Bedingungen einer zusätzlichen Reinigung, so ist diese als Sonderleistung kostenpflichtig zu vereinbaren. Die Zeitansätze für die Reinigungsleistungen sind minutiös getaktet, und damit entspricht die Reinigungsleistung häufig nicht den Bedürfnissen der Mitarbeiter/Mitarbeiterinnen der Dienststellen. Hier Veränderungen herbeizuführen, ist extrem kräftezehrend und meistens auch nicht nachhaltig, da nach kurzer Zeit etwaige Kritik wieder verdrängt wird und der alte Trott wieder Einzug hält. Diese Umstände führen regelmäßig dazu, dass sich die Mitarbeiter/Mitarbeiterinnen während ihrer Dienstzeit in der Dienststelle nicht unbedingt wohlfühlen. Bei vielen Mitarbeitern/Mitarbeiterinnen hat sich ein Phlegma ausgebildet, und nahezu alle blicken über die Defizite hinweg, ohne Kritik zu äußern. Diejenigen Mitarbeitern/Mitarbeiterinnen, die Kritik äußern, werden meistens zu Außenseitern abgestempelt, da sie den Alltagstrott eher stören.

Insgesamt lässt sich über die letzten Jahrzehnte ein deutlicher Verfall der Dienststellen feststellen, da vom Vermieter nur noch Minimalerhalt betrieben wird. Die Liegenschaften wirken ungepflegt und der Reinigungszustand trägt seinen Anteil zum Unwohlempfinden vieler Mitarbeiter/Mitarbeiterinnen bei.

Diensträume, die z. B. auf Bahnhöfen oder Flugplätzen angemietet werden, sind teure Räumlichkeiten. Teilweise sind sie auch nur Kompromisse in ihrer Nutzbarkeit, da die Nutzer nicht immer frühzeitig beteiligt werden. Das gilt auch bei Um- und Neubauten.

6.5 Zustand des Arbeitsplatzes

Die Arbeitsplätze der normalen Bürotätigen sind mit der notwendigen Büroausstattung versehen. Diese ist je nach Finanzsituation der Polizei mehr oder weniger neu. Neue Bestellungen müssen oft langfristig vorher geplant werden, da die Beschaffung von Büromöbeln bestimmten Zyklen unterliegt. Wünscht der Nutzer des Büros eine gesundheitspräventive Ausstattung, wie z. B. einen elektrisch höhenverstellbaren Schreibtisch, so wird er/sie schnell zum Hauptmann von Köpenick. Während in der Privatwirtschaft der Präventionsgedanke verfolgt wird, um durch Gesundheitsprävention krankheitsbedingte Ausfallzeiten zu vermeiden, muss bei Behördenmitarbeitern/-mitarbeiterinnen oft erst ein Gesundheitsschaden ärztlich attestiert werden, um derartiges Mobiliar zu erhalten. Dieser Zustand ist bei konsequenter Verfolgung des Präventionsgedankens verbesserungswürdig.

Anders sieht es teilweise in den Dienstbereichen aus, die für den 24/7-Schichtbetrieb vorgesehen sind. Um den Bedürfnissen der meisten Mitarbeiter/Mitarbeiterinnen gerecht zu werden sind hier häufig höhenverstellbare Tische und spezielle Stühle vorhanden. Damit werden den Mitarbeitern/Mitarbeiterinnen wechselnde Arbeitspositionen ermöglicht, was den besonderen Belastungen des Schichtdienstes gerecht wird. Dafür haben diese Arbeitsplätze oftmals andere Besonderheiten. Gerade in Leitstellen unterliegen die Mitarbeiter/Mitarbeiterinnen heute der technischen Aufrüstung, und ihre Arbeitsplätze ähneln immer mehr Cockpits mit mehreren Computermonitoren. Je nach Dienststellen kommen dann auch noch Monitore für die Videoüberwachung hinzu. Diese Technik stellt insgesamt hohe physische Anforderungen an die Mitarbeitern/Mitarbeiterinnen.

6.6 Großeinsätze

In den letzten Jahren ist die Anzahl der planbaren und nicht planbaren Großeinsätze spürbar angestiegen. Dabei gibt es unterschiedliche Hintergründe für diese Einsätze. Dies ist abhängig von dienstlichen Verwendungen, Zugehörigkeit zu bestimmten Polizeien und letztlich auch von der Region der dienstlichen Tätigkeit. Zwei Einsatzanlässe sollen hier beispielhaft aufgegriffen werden. Gerade an diesen beiden Beispielen ist erkennbar, wie abhängig der Primat der Politik und die Polizeiführung – und damit im Übrigen auch die nachgeordneten Mitarbeiter/Mitarbeiterinnen – voneinander sind. Durch die Politiker werden Leitlinien an den Polizeiführer/die Polizeiführerin gegeben, welche diese in ihrer Einsatzplanung berücksichtigen und umsetzen müssen. Das Verhalten der eingesetzten Polizeibeamten/Polizeibeamtinnen und der Polizeiführung wiederum wirkt auf die Politik, da ggf. ein Innenminister oder eine Innenministerin aus einem missglückten Polizeieinsatz die politischen Konsequenzen ziehen muss.

Vor allem werden die Reaktionszeiten beider Seiten immer kürzer, da über die sozialen Netzwerke und die unterschiedlichen Medien eine fortlaufende Berichterstattung erfolgt. Bestimmte Sender zeigen sogar einen Livestream des Einsatzes. Ein Vorteil hiervon ist, dass dieser eine zusätzliche Erkenntnisquelle für die polizeiliche Lagebeurteilung darstellen kann.

Derartige Sondereinsätze führen zu erheblichen physischen und psychischen Belastungen der eingesetzten Polizeibeamten/Polizeibeamtinnen. Eine erhebliche Belastung der Polizisten/Polizistinnen kann auch darin bestehen, dass sie im Einsatz eine politische Entscheidung vertreten müssen, die sie innerlich nicht teilen. Dies ist oftmals bei Einsätzen mit Regionalbezug der Fall, wie z. B. beim Hambacher Forst oder bei den zurückliegenden CASTOR-Transporten.

6.6.1 Die Migrationslage seit 2015

Im September 2015 erklärte die deutsche Bundesregierung das Selbsteintrittsrecht nach der Dublin-III-Verordnung. Diese wesentliche politische Entscheidung wurde – anders als in Deutschland sonst üblich – nur mündlich kommuniziert [1]. Dadurch wurde für die Bundespolizei eine besondere Lage geschaffen, die über einen langen Zeitraum erhebliche personelle Ressourcen band und weiterhin bindet. Gerade in der Anfangsphase dieses Einsatzes musste an der deutsch-österreichischen Grenze für die Abarbeitung des daraus entstandenen Menschenstroms die notwendige Infrastruktur geschaffen werden. Dies musste während des laufenden Betriebes geschehen, da die Migranten/Migrantinnen gerade in den Wintermonaten schnell ein Obdach benötigten, zumal unter ihnen auch schwangere Frauen und Kinder waren.

Die Arbeitsbedingungen für die Beamten und Beamtinnen waren alles andere als optimal. Die kurzfristig angemieteten Hallen und Zelte waren phasenweise hoffnungslos überfüllt. Auch die technischen Voraussetzungen zur erkennungsdienstlichen Behandlung der Migrantinnen/Migranten konnten auch erst nach und nach geschaffen werden, so dass teilweise wieder auf alte, analoge Methoden zurückgegriffen werden musste. Teilweise wurden auch kreative Einzellösungen geschaffen, um die Identität der Migranten/Migrantinnen zu dokumentieren.

Im Laufe der Zeit wurden mit den zuständigen österreichischen Behörden Vereinbarungen getroffen, um die Menschenströme zu kanalisieren und zu strukturieren.

An den Straßengrenzen war ebenfalls keine Infrastruktur mehr für stationäre Grenzkontrollen vorhanden. Durch die Kontrollfreiheit in Schengen wurden diese Strukturen vor Jahren abgebaut, da grundsätzlich Reisefreiheit ohne Kontrollen im Schengengebiet gilt. Somit mussten auch hier wieder mühsam und aufwendig Strukturen für Kontrollen geschaffen werden. Problematisch war und ist, dass sich durch die Kontrollmaßnahmen zur Verhinderung der illegalen Migration oft Verkehrsstaus bilden. Dies stößt bei der örtlichen Bevölkerung, die zwischen den Ländern alltäglich pendelt, auf nicht unerhebliche Kritik. Diese Kritik wird wiederum durch die örtlichen Politiker aufgegriffen, die dann versuchen, Druck auf die Polizei dahingehend auszuüben, dass die Kontrollen möglichst effizient durchgeführt werden, um die Staus so klein wie möglich zu halten.

Für die Beamten/Beamtinnen der Bundespolizei bedeuteten und bedeuten die Einsätze an der deutschen Südgrenze teilweise weite Anfahrtswege und lange Abwesenheiten von zu Hause. Trotz der Bemühungen, für die Beamten/Beamtinnen planbare Arbeitszeiten schaffen und angemessene Unterkünfte anzumieten, sind diese Einsätze immer noch eine erhebliche psychische und physische Belastung.

Hinzu kommt, dass eine nennenswerte Zahl der Beamten/Beamtinnen die o. a. politische Entscheidung mit Skepsis betrachtet. In der Anfangsphase der Migrationslage konnten die sonst geltenden rechtlichen Grundsätze nicht oder nur eingeschränkt eingehalten werden.

So wurde eine nicht genau bezifferbare Anzahl von Migranten/Migrantinnen deutschlandweit in die Erstaufnahmeeinrichtungen mit Sonderbussen und Sonderzügen weiterverteilt, ohne dass ihre Identität vor dieser Verteilung festgestellt werden konnte. Dies war für die eingesetzten Polizisten/Polizistinnen eine erhebliche persönliche Belastung.

Am 18. Juli 2018 nahm die Bayerische Grenzpolizei [2] ihre Tätigkeit auf. Sie ist ein Teil der Bayerischen Landespolizei und neben der Bundespolizei für die Grenzkontrolle zuständig. Für die Mitarbeiter/Mitarbeiterinnen der Bundespolizeidirektion München bedeutet es einen organisatorischen Mehraufwand, ihre Aufgabenwahrnehmung mit der Bayerischen Grenzpolizei zu koordinieren. Die Partei die Grünen im bayrischen Landtag klagt derzeit im Rahmen einer Popularklage gegen die Einrichtung der Bayerischen Grenzpolizei [3]. Die gerichtliche Entscheidung bleibt abzuwarten.

6.6.2 Der G20-Gipfel 2017 in Hamburg

Am 7. und 8. Juli 2017 fand der G20-Gipfel in Hamburg statt. Diese Veranstaltung hatte von Beginn an eine erhebliche politische Dimension und wurde in der Öffentlichkeit wegen der Wahl des Veranstaltungsortes Hamburg kontrovers diskutiert. Für die Polizei bedeutete diese Veranstaltung einen immensen Kräfteaufwand: So waren mehr als 30.000 Polizeibeamte/Polizeibeamtinnen rund um die Veranstaltung im Einsatz. Der polizeiliche Kerneinsatz dauerte vom 22. Juni bis 9. Juli 2017.

Die schwersten Ausschreitungen gab es am 6. Juli 2017 im Anschluss an die Demonstration „Welcome to Hell" und am Morgen des 7. Juli 2017 in der Hamburger Elbchaussee.

Hier wurden u. a. Fahrzeuge angezündet und ein Mob zog zerstörerisch durch die Straßen. Viele Anwohner/Anwohnerinnen und Passanten/Passantinnen wurden durch die Gewalt der Demonstranten/Demonstrantinnen in Angst und Schrecken versetzt. Die Bilder der Verwüstungen gingen über soziale Netzwerke und Medien um die Welt.

Während der Kerneinsatzzeit wurden 709 Polizeibeamte/Polizeibeamtinnen verletzt, davon 700 leicht und neun Beamte/Beamtinnen schwer. Von den Länderpolizeien erkrankten im gleichen Zeitraum 227 Beamte/Beamtinnen. Davon erkrankten 117 Beamte/Beamtinnen aufgrund der Einsatzbelastung. Hier waren u. a. Krankheitsbilder wie Kreislaufprobleme und Dehydrierung einschlägig. Die Bundespolizei erfasst Verletzte und Erkrankte nach anderen Kriterien. Daher liegen keine Verletztenzahlen der Bundespolizei vor. 182 Polizeibeamte/Polizeibeamtinnen wurden durch Reizgas verletzt, wobei in 61 Fällen die Ursache nicht abschließend geklärt werden konnte. Hier könnte es sich auch um durch Störer entleerte Feuerlöscher gehandelt haben [4].

Verletzte Polizisten/Polizistinnen sollten in Einsätzen nicht in ein falsches Heldentum verfallen. Es gibt Verletzungen – wie z. B. der Treffer eines Steines auf einen Einsatzhelm – die unter widrigen Umständen lebensbedrohlich sein können. Daher sollten sich die betroffenen Beamten/Beamtinnen trotz allen Einsatzwillens unbedingt unverzüglich ärztlich untersuchen lassen!

Vorgesetzte tragen im Rahmen ihrer Fürsorgepflicht Verantwortung für ihre Mitarbeiter/Mitarbeiterinnen. Diese sollten sie ernst nehmen und bei entsprechenden Witterungsbedingungen, hoher Einsatzbelastung und langen Dienstzeiten ihrer Mitarbeiter/Mitarbeiterinnen für ausreichende Flüssigkeitszufuhr sorgen. Dehydrierung kann lebensbedrohlich sein! Ebenso sollten angemessene Ruhe- und Bereitschaftszeiten für die Beamten/Beamtinnen eingeplant werden.

Die physische und psychische Belastung der Polizeibeamten/Polizeibeamtinnen durch diesen Einsatz war enorm und wurde auch vielfach in der Presse thematisiert.

Nach dem G20-Einsatz schlossen sich umfangreiche Ermittlungsarbeiten der Polizei an. In diesem Zusammenhang wurde über ein Upload-Portal der Polizei auch Bild- und Videomaterial von Bürgern/Bürgerinnen mit in die Ermittlungen einbezogen. Neue Wege ging die Polizei mit der Nutzung von Gesichtserkennungssoftware. Diese wird insbesondere aus datenschutzrechtlichen Bedenken kontrovers diskutiert. Es gab zudem sechs Wellen der Öffentlichkeitsfahndung [6] mit 400 Personen, welche öffentlichkeitswirksam von der Polizei initiiert wurden. Diese Maßnahme wird in der Öffentlichkeit und auf der politischen Ebene ebenfalls kontrovers diskutiert.

Durch das zuständige Dezernat D.I.E. der Polizei Hamburg werden Vorwürfe gegen Polizisten/Polizistinnen untersucht. Dabei wurde in Prüfsachverhalte und Ermittlungsverfahren unterschieden [6]. Die Prüfsachverhalte enthielten überwiegend Kritik, die auf ihre Berechtigung überprüft wurde. Teilweise war die Kritik berechtigt. Mit Stand 9. Januar 2019 gab es 164 Ermittlungsverfahren gegen Polizeibeamte/Polizeibeamtinnen. Der häufigste Tatvorwurf war 130-mal Körperverletzung im Amt [6]. Die Mehrzahl der strafrechtlichen Ermittlungsverfahren gegen Polizeibeamte/Polizeibeamtinnen wurde mittlerweile gem. § 170 (2) StPO eingestellt. Problematisch war bei den Ermittlungen, dass nicht alle Polizisten/Polizistinnen ermittelt werden konnten. Daher ist beabsichtigt, für die Beamten/Beamtinnen der Landespolizei Hamburg künftig eine Kennzeichnungspflicht einzuführen. Ein entsprechender Gesetzesentwurf soll voraussichtlich im dritten Quartal 2019 in die Hamburgische Bürgerschaft eingebracht werden [7].

Bereits am 12. Juli 2017 wurde in der Bürgerschaft der Freien und Hansestadt Hamburg ein Sonderausschuss mit der politischen Aufarbeitung dieses Ereignisses befasst. Es gibt von diesem Sonderausschuss kein gemeinsames Ermittlungsergebnis, sondern jede Fraktion hat für sich ein Fazit gezogen. Dieser Abschlussbericht wurde am 20. September 2018 veröffentlicht [6].

Noch heute gibt es regelmäßige Berichtspflichten gegenüber der Hamburgischen Bürgerschaft, insbesondere zum Stand der Ermittlungsverfahren gegen Polizeibeamte/Polizeibeamtinnen.

6.7 Überstunden

Überstunden von Polizeibeamten/Polizeibeamtinnen werden bundesweit nicht zentral und einheitlich erfasst. Die Gewerkschaft der Polizei schätzt, dass im Jahr 2018 von allen Polizeien rund 22 Millionen Überstunden absolviert wurden. Diese Überstunden sind eine erhebliche Belastung für alle Polizisten/Polizistinnen. Die Mehrbelastung der Bereitschaftspolizeien führt dazu, dass diese besonders für geschlossene Einsätze ausgebildeten Beamten/Beamtinnen zur Unterstützung des Einzeldienstes nur noch in besonderen Fällen zur Verfügung stehen. Dies wiederum führt dazu, dass die Kräfte des Einzeldienstes zusätzliche Stunden leisten müssen, um vielfältige Einsatzanlässe abzudecken. Ein großes kräftezehrendes Potenzial haben hier die Fußballspiele. Leider haben sich die Gewalttätigkeiten der rivalisierenden Fangruppierungen mittlerweile so ausgeweitet, dass nicht nur Bundesligaspiele, sondern teilweise auch drittklassige Spiele mit erheblichen Einsatzkräften flankiert werden müssen. Diese Spirale führt dazu, dass das Überstundenniveau seit Jahren hoch ist und mit einer Entspannung nur eingeschränkt zu rechnen ist. Diese zusätzliche Belastung bedeutet für die Beamten/Beamtinnen einen erheblichen Stressfaktor. Teilweise ist es nicht mehr möglich, die geleisteten Überstunden in einer akzeptablen Zeitspanne abzubauen, sodass die Überstunden – soweit auszahlungsfähig – ausbezahlt werden.

> Jeder Beamte/jede Beamtin sollte seine/ihre Überstunden im Blick haben, um den Verfall derselben zu vermeiden, und entweder den Freizeitausgleich oder den finanziellen Ausgleich rechtzeitig beantragen.

6.8   Wochenenden mit Dienst

Die Dienstzeitgestaltung ist von der jeweiligen dienstlichen Verwendung abhängig. Im Schichtdienst gibt es regelmäßig vorab einen längerfristigen Plan. Im Idealfall hat der Beamte/die Beamtin einen Jahresplan in den Händen und kann so bereits für das gesamte Jahr sehen, wann reguläre Dienstschichten anfallen. In der Schichtplanung sind regelmäßig Wochenenden und Feiertage mit eingeplant, da hier 365 Tage im Jahr abzudecken sind. Problematisch wird das Schichtgefüge, wenn es gehäufte personelle Ausfälle gibt. Wenn Mitarbeitende ausfallen und die Mindeststärke unterschritten wird, muss ein anderer Mitarbeiter/eine andere Mitarbeiterin aus dem Frei in den Dienst kommen. An den Wochenenden trifft dies die Kollegen/Kolleginnen oft besonders unangenehm, da diese meist schon für die private Gestaltung mit Familie und Freunden verplant sind. Gerade wenn Ausfälle kurzfristig kompensiert werden müssen, kommt es hier zu unangenehmen Einschnitten in das private Leben.

Es sind aber nicht nur personelle Ausfälle, die Sonderschichten verlangen. Es sind auch besondere polizeiliche Lagen, die zusätzliche Kräfte erfordern, die dann aufgrund der Einsatzbelastung der Bereitschaftspolizei häufig aus den eigenen Reihen zu stellen sind. Sofern es in einzelnen Fällen zu solchen nicht längerfristig planbaren Mehrbelastungen an Wochenenden kommt, haben die meisten Beamten/Beamtinnen Verständnis hierfür. Nehmen solche Fälle zu, insbesondere die extrem kurzfristigen Dienstverpflichtungen, führt dies schnell zu Unmut, Demotivation und Steigerungen der Krankenraten.

6.9   Sonder- und Wegerechtsfahrten

Für Kinder sind Fahrten mit „Tatü-Tata" und Blaulicht etwas Anziehendes, etwas Besonderes, ein Abenteuer. Das ist verständlich, weil Kinder die Tragweite solcher Einsatzfahrten (entsprechend der Natur der Dinge) nicht annähernd überblicken können und daher so empfinden.

In der dienstlichen Realität sind Sonder- und Wegerechtsfahrten extrem stressig und sie sind mit einer hohen persönlichen Verantwortung des Fahrers/der Fahrerin verbunden. Im Regelfall wird die Sonderrechtsfahrt von der zuständigen Leitstelle freigegeben. Trotzdem trägt allein der Fahrer/die Fahrerin des Streifenwagens die Verantwortung für sein/ihr Handeln. Die grundlegenden rechtlichen Vorgaben sind in den §§ 35 und 38 der Straßenverkehrsordnung (StVO) geregelt. Ergänzend hat die Justiz in den letzten Jahren viele Urteile gesprochen, die sowohl die Polizei als auch andere BOS betreffen. Jeder Fahrer/jede Fahrerin eines Dienstfahrzeugs ist somit gut beraten, sich mit den rechtlichen Hintergründen und der aktuellen Rechtsprechung intensiv auseinanderzusetzen. Im Falle eines Unfalls kann der Verantwortliche von straf-/zivil- und disziplinarrechtlichen Folgen betroffen sein. Hierbei handelt es sich immer um Einzelfallentscheidungen der Justiz.

Jeder Fahrzeugführer/jede Fahrzeugführerin sollte sich vor dem Einschalten der Sondersignale und vor der Inanspruchnahme von Sonder- und Wegerechten überlegen, ob die Inanspruchnahme überhaupt einen zeitlichen Vorteil bietet und damit die besondere Eile geboten ist. Manches Mal ist es klüger, Verstärkung anzufordern und diese taktisch zu positionieren, um z. B. ein Fahrzeug mit einem flüchtenden Fahrer zu stellen. Gerade durch städtisches Terrain verursachen Verfolgungsfahrten erhebliche Gefahren für andere Verkehrsteilnehmerinnen/Verkehrsteilnehmer.

6.9.1 Voraussetzungen des § 35 StVO Sonderrechte

(1) Von den Vorschriften dieser Verordnung sind die Bundeswehr, die Bundespolizei, die Feuerwehr, der Katastrophenschutz, die Polizei und der Zolldienst befreit, soweit das zur Erfüllung hoheitlicher Aufgaben dringend geboten ist.

(8) Die Sonderrechte dürfen nur unter gebührender Berücksichtigung der öffentlichen Sicherheit und Ordnung ausgeübt werden.

6.9.2 Voraussetzungen des § 38 StVO Blaues Blinklicht und gelbes Blinklicht

(1) Blaues Blinklicht zusammen mit dem Einsatzhorn darf nur verwendet werden, wenn höchste Eile geboten ist, um Menschenleben zu retten oder schwere gesundheitliche Schäden abzuwenden, eine Gefahr für die öffentliche Sicherheit oder Ordnung abzuwenden, flüchtige Personen zu verfolgen oder bedeutende Sachwerte zu erhalten sind.

Es ordnet an: „Alle übrigen Verkehrsteilnehmer haben sofort freie Bahn zu schaffen".

(2) Blaues Blinklicht allein darf nur von den damit ausgerüsteten Fahrzeugen und nur zur Warnung an Unfall- oder sonstigen Einsatzstellen, bei Einsatzfahrten oder bei der Begleitung von Fahrzeugen oder von geschlossenen Verbänden verwendet werden.

6.9.3 Folgerungen aus den rechtlichen Grundlagen

Der Fahrer/die Fahrerin muss während der gesamten Einsatzfahrt eine Ermessensabwägung durchführen, ob die o. g. rechtlichen Voraussetzungen gegeben sind. Darüber hinaus ist zu prüfen, ob die Risiken und Folgen der Fahrweise und der Einsatzzweck in einem angemessenen Verhältnis zueinander stehen. Die Befreiung von den Vorschriften des StVO ist für den Fahrer/die Fahrerin kein Freibrief! Die Nutzung der Sonderrechte hat restriktiv und nur in notwendigem Umfang zu erfolgen. Die „gebührende Berücksichtigung der öffentlichen Sicherheit und Ordnung" ist ein unbestimmter Rechtsbegriff. Dieser beinhaltet eine besondere Sorgfaltspflicht, eine besondere Pflicht zur Aufmerksamkeit und eine Vergewisserungspflicht.

Im innerstädtischen Bereich ist es für die meisten anderen Verkehrsteilnehmer/Verkehrsteilnehmerinnen schwierig zu orten, aus welcher Richtung ein Einsatzfahrzeug mit Blaulicht und Martinshorn kommt. Hier kann sich jeder einmal selbst testen, wenn er das nächste Mal ein Martinshorn hört, ob er/sie die Annährungsrichtung ohne Weiteres feststellen kann. Das ist durch die Reflexion der Gebäude gar nicht so einfach!

Von Fußgängern oder Radfahrern werden die Fahrzeuge oft gar nicht wahrgenommen, da in der heutigen Gesellschaft viele Menschen auf ihr Smartphone fixiert sind. Entweder wird Chats viel Aufmerksamkeit geschenkt oder laut

Musik gehört. Moderne Kopfhörer haben auch die Eigenschaft, Außengeräusche stark zu reduzieren, ja nahezu auszublenden. Daher sollten die Fahrer/Fahrerinnen – gerade, wenn die Lichtsignalanlage aus ihrer Anfahrtsrichtung rotes Licht zeigt – nur mit Schrittgeschwindigkeit in eine Kreuzung einfahren. Es ist immer damit zu rechnen, dass andere Verkehrsteilnehmer/Verkehrsteilnehmerinnen das Fahrzeug mit Sonder-/Wegerechten nicht wahrnehmen oder schlicht falsch reagieren. Es ist ebenfalls nicht statthaft, die Geschwindigkeitsbeschränkungen unermesslich zu überschreiten. Die Rechtsprechung ist hier mittlerweile eindeutig, und dies sollten die Verantwortlichen entsprechend ernst nehmen. Im Falle eines Unfalls ist davon auszugehen, dass die Verantwortlichen eine umfängliche Mitschuld zugewiesen bekommen. Zusätzlich kommen bei schweren Personenschäden noch die persönlichen Schuldgefühle und etwaige zivilrechtliche Ansprüche der Betroffenen, vielleicht sogar der Kollegen/Kolleginnen im Einsatzfahrzeug, hinzu.

Auch im außerstädtischen Bereich dürfen Geschwindigkeitsbeschränkungen und Überholverbote nicht grenzenlos missachtet werden.

Jeder Fahrzeugführer/jede Fahrzeugführerin sollte auch bedenken, dass Blaulicht und Martinshorn die Physik nicht außer Kraft setzen. Bei der Lagebeurteilung und Abwägung sind auch die Witterungs- und Straßenverhältnisse mit in die Betrachtungen einzubeziehen.

> Eine Einsatzfahrt ist zweifelsohne Stress! Durch die hohe emotionale Belastung wird der Fahrzeugführer/die Fahrzeugführerin in Handlungs- und Wahrnehmungsfähigkeit beeinträchtigt. Die Verarbeitung von Informationen im menschlichen Gehirn wird in solchen Situationen reduziert und führt dazu, dass die Umwelt nicht mehr vollständig wahrgenommen wird.
> Lieber langsamer und dafür heil am Einsatzort ankommen!

6.10 Ermittlungen

Nach Strafanzeigen oder auch nach eigener Wahrnehmung von Straftaten sind Ermittlungen durchzuführen. Diese Ermittlungen beginnen meist bei den Beamten/Beamtinnen des Kontroll- und Streifendienstes.

Es gibt unterschiedliche Regelungen in den Dienststellen, wie mit den Ermittlungen zu verfahren ist. Teilweise werden einfach gelagerte Fälle von diesen Beamten/Beamtinnen weiter bis zur Abgabe an die Staatsanwaltschaft ermittelt. Teilweise ist es aber auch so geregelt, dass die weiteren Ermittlungen von den jeweiligen Ermittlungsdiensten durchgeführt werden. Die Abgabe an den Ermittlungsdienst hat den Vorteil, dass diese Beamten/Beamtinnen überwiegend im Tagesdienst tätig sind. Damit ist es meistens einfacher, die notwendigen Vernehmungen von ZeugenZeuginnen und Beschuldigten durchzuführen.

Bei Fällen von Alltagskriminalität ist es für die Polizisten/Polizistinnen häufig frustrierend, wenn sie Täter/

Täterinnen aufgrund ihrer festgestellten Identität und eines festen Wohnsitzes nach der Anzeigenaufnahme wieder aus dem polizeilichen Gewahrsam entlassen müssen. Es ist gar nicht so selten, dass diese Personen gehäuft Straftaten begehen und den Beamten/Beamtinnen dann auch schon bekannt sind.

Gerade bei Deliktsfeldern wie Sexualdelikten, Gewaltdelikten oder Kindesmisshandlung kann es für die Beamten/Beamtinnen psychisch sehr belastend sein, sich inhaltlich mit dem Tatablauf auseinanderzusetzen, die Details zu hinterfragen und die Ermittlungsberichte zu schreiben. Bei diesen Delikten haben es die Beamten/Beamtinnen häufig mit schwer traumatisierten Opfern zu tun, die sich teilweise aus Scham oder Angst oder aufgrund des erlittenen psychischen Traumas nicht öffnen wollen oder können. Hier bedarf es eines besonderen Einfühlungsvermögens der Beamten/Beamtinnen.

Bei Sexualdelikten kann es zudem problematisch sein, wahrheitsgemäße Anzeigen von unwahren Anzeigen zu trennen. Es kommt nicht selten vor, dass bei Sexualdelikten Täter/Täterinnen zu Unrecht beschuldigt werden. Wer im Verdacht einer Sexualstraftat steht – gerade wenn dieses auch noch öffentlichkeitswirksam wird – wird Schwierigkeiten haben, sich von diesem Stigma zu befreien, wenn sich die Anschuldigungen als unwahr herausstellen.

Polizeibeamte/Polizeibeamtinnen, die in diesen Deliktsfeldern ermitteln, sollte sich stets um eine professionelle Distanz und objektivierte Ermittlungen bemühen. Dies dient sowohl dem eigenen Schutz als auch dem Schutz von Opfern und Beschuldigten. Wenn Beamte/Beamtinnen diese professionelle Distanz verlieren, sollten sie sich unbedingt in einen anderen Dienstbereich versetzen lassen.

Für Anzeigenerstatter/Anzeigenerstatterinnen kommt es teilweise dazu, dass diese in einer Polizeidienststelle auf die sogenannten Onlinewachen der Polizei verwiesen und aufgefordert werden, auf diesem Wege ihre Strafanzeige zu erstatten. Alle Länderpolizeien haben mittlerweile Onlinewachen, die über die Webseite der jeweiligen Polizei zu erreichen sind. Die Onlineformulare führen den Anzeigenerstatter/die Anzeigenerstatterin strukturiert durch den Anzeigenprozess. Aus Gründen der IT-Sicherheit ist es in einigen Bundesländern nicht möglich, Anhänge mitzusenden. Der Sachbearbeiter/die Sachbearbeiterin nimmt dann im Zuge der Ermittlungen Verbindung mit dem Anzeigenerstatter/der Anzeigenerstatterin auf. Die Qualität der Anzeigen ist unterschiedlich, da insbesondere beim Verfassen der Sachverhaltsschilderung keine Führung durch einen geschulten Beamten/eine geschulte Beamtin erfolgt. Für die Bürger/Bürgerinnen bedeutet dieses Verfahren einerseits eine Zeitersparnis, weil sie nicht auf der Dienststelle warten müssen. Andererseits ist es für die Bürger/Bürgerinnen frustrierend, wenn sie aus der Dienststelle wieder weggeschickt und auf das Internet verwiesen werden. Die Anzeigenerstattung über das Internetportal einer Polizei ist auch nicht für jeden Anzeigenerstatter/jede Anzeigenerstatterin geeignet. Gerade Menschen mit Handicaps dürften hier Probleme haben, genau wie ältere und nicht internetaffine Menschen.

> Onlinewachen sind grundsätzlich eine sinnvolle und ergänzende Einrichtung. Beim Verweis von Anzeigenerstattern/Anzeigenerstatterinnen auf diese Möglichkeit sollte der Beamte/die Beamtin jedoch Fingerspitzengefühl an den Tag legen. Jeder Polizist/jede Polizistin, die selbst schon einmal als Privatperson eine Strafanzeige erstattet hat, weiß, wie frustrierend das Verhalten von Polizisten/Polizistinnen auf den Bürger/die Bürgerin wirken kann.

In den meisten Polizeidienststellen gibt es im Ermittlungsbereich begrenzte personelle und auch finanzielle Ressourcen. Bei den Ermittlungsverfahren wird heute oftmals auf Effizienz geachtet. Gerade strafprozessuale Maßnahmen, wie eine Überwachung der Telekommunikation, häufig auch verbunden mit Übersetzungsleistungen von Dolmetschern, sind kostenaufwendig. Stellt sich bei Ermittlungen heraus, dass der Verdacht eines banden- und gewerbsmäßigen Vorgehens oder gar Verdachtsmomente für organisierte Kriminalität vorliegen, sind die Ermittlungen vor allem auch zeitaufwendig. Das bedeutet, dass nur sehr wenige Ermittlungsverfahren in einer Zeitspanne ermittelt bzw. abgeschlossen werden können. Problematisch ist vor allem auch, dass derartige Zusammenhänge und/oder Strukturen während der Ermittlungen überhaupt erkannt werden. Gerade, wenn verschiedene Dienststellen, gar auch noch über Landesgrenzen bzw. zur Schnittstelle der Bundespolizeien unabhängig voneinander ermitteln, bleibt es oft dem Zufall überlassen, Zusammenhänge zu erkennen.

Bei einfach gelagerten Sachverhalten oder bei Sachverhalten, nach denen gegen unbekannte Täter/Täterinnen ermittelt wird, ist der betriebene Ermittlungsaufwand häufig sehr überschaubar. Im Ergebnis werden solche Standardverfahren von der Staatsanwaltschaft überwiegend eingestellt. So könnte man feststellen, dass die alltägliche Kriminalität häufig nur verwaltet wird. Die Dienststellen erhalten – je nach Festlegungen ihres Dienstherrn – Personalzuweisungen nach der Anzahl ihrer Ermittlungsfälle.

In bestimmten Fällen kommt es zu einem hohen Druck der Öffentlichkeit. Dieser entsteht häufig durch die Berichterstattung in den Medien, welche sich dann auch in den sozialen Netzwerken widerspiegelt. Gerade, wenn der Polizei mögliche Defizite bei Ermittlungsverfahren vorgehalten werden, entsteht ein immenser politischer Druck, teilweise bis hin zum zuständigen Innenminister/zur zuständigen Innenministerin. Durch Suchmaschinen, Onlinezeitungen, Push-Benachrichtigungen, Eilmeldungen und soziale Netzwerke einschließlich ihrer Kommentierungs- und Verteilfunktionen hat sich in den vergangenen Jahren dieser Druck deutlich erhöht. Vor allem kommt er heute fast in Echtzeit zustande und setzt Polizeien und Staatsanwaltschaften häufig unter Rechtfertigungsdruck. Problematisch ist, dass nicht immer alle Informationen, die im Internet zu finden sind und/oder über soziale Netzwerke verbreitet werden, gut recherchiert sind. Jeder Leser/jede Leserin sollte diese Informationen kritisch verfolgen und sich aus mehreren Quellen sein/ihr eigenes Bild machen.

Kritisch zu betrachten ist auch, dass in der heutigen Zeit Ermittlungsdetails veröffentlicht werden. Diese Detailveröffentlichungen können Tätern/Täterinnen wertvolle Hinweise geben, wie sie beim nächsten Anschlag/bei der nächsten Tatbegehung ihr Verhalten verändern müssen, um den kriminellen Schaden zu erhöhen. Trotz des öffentlichen Drucks und investigativer Medienrecherchen sollten Ermittlungspersonen und Staatsanwaltschaften zurückhaltend mit solchen Detailveröffentlichungen sein.

Sind Personen des öffentlichen Lebens von strafrechtlichen Ermittlungen betroffen oder werden sie Opfer einer schweren Straftat, führt dies ebenfalls häufig zu einem erheblichen Druck in der Öffentlichkeit. Teilweise werden in den Medien Spekulationen angestellt und es kann auch zu Vorverurteilungen des Beschuldigten trotz der Unschuldsvermutung kommen. Es ist damit zu rechnen, dass bei derartigen Ermittlungsverfahren mehrere Rechtsbeistände bevollmächtigt werden.

> Äußerungen gegenüber Medienvertretern sollten unbedingt mit der notwendigen Zurückhaltung und in enger Abstimmung mit der ermittlungsführenden Staatsanwaltschaft gegeben werden. Polizisten/Polizistinnen sollten keinesfalls Informationen an die Öffentlichkeit durchstechen. Gerade bei involvierten Personen des öffentlichen Lebens ist davon auszugehen, dass die Verbreitung derartiger Informationen nicht mehr einzufangen ist.

6.11 Widerrechtliche Datenabfragen

Manchmal ist die Versuchung groß und/oder der Polizei-beamte/die Polizeibeamtin wird von Freunden, Verwandten oder auch mit Vorteilsversprechungen angesprochen, um im dienstlichen Datensystem Abfragen aus rein privaten Gründen zu tätigen. Jeder Polizist/jede Polizistin sollte sich der Tatsache bewusst sein, dass dies kein Kavaliersdelikt ist, und sobald auffällt, dass eine Abfrage rein privat motiviert war, den Beamten/die Beamtin jede Menge Stress erwarten wird. Dieser wird regelmäßig in einer Ermittlung des Fehlverhaltens bestehen. Je nach Art des Vorwurfs kann dieses Fehlverhalten als Ordnungswidrigkeit, Straftat und auch im disziplinarrechtlichen Sinne sanktioniert werden. Es sollte jedem Polizeibeamten/jeder Polizeibeamtin be-wusst sein, dass Datenabfragen protokolliert werden und somit nachvollziehbar ist, wer diese Abfragen getätigt hat.

In der Bundestagsdrucksache 19/2373 vom 29. Mai 2018 [8] wird auf unterschiedliche Vorkommnisse in meh-reren Bundesländern Bezug genommen, in denen Daten widerrechtlich verwendet wurden. Mehrere geschilderte Fälle haben dabei einen politischen Bezug. Des Weiteren werden Fälle aus Bundesbehörden aufgelistet. Aufgrund der kurzen Antwortzeit sind die Ausführungen in Bezug auf die Bundespolizei nicht nach Tatvorwürfen aufgeschlüsselt. Demnach wurde von 2014 bis 2017 53-mal eine wider-rechtliche Verwendung personenbezogener Daten zu au-ßerdienstlichen oder privaten Zwecken festgestellt. Insge-samt wurden in diesem Zeitraum 55-mal disziplinar- oder arbeitsrechtliche Sanktionen vorgenommen. Viermal kam es zu Sanktionen als Ordnungswidrigkeit, 18-mal zu straf-rechtlichen Sanktionen und 8-mal wurde das Verfahren eingestellt. In einigen wenigen Fällen (8-mal) ging es in-haltlich nicht um den Missbrauch von Daten, sondern um den Missbrauch anderer dienstlicher Mittel, wobei die Anzahlen in der Auswertung der Sanktionierungen nicht differenziert zuzuordnen sind.

Beim Bundeskriminalamt wurden 2014 insgesamt 24 unberechtigte Abfragen zu einer Person im IT-System festgestellt. 2015 waren es nur zwei Fälle.

> Hier ist eindeutig zu sagen: Ausnahmslos Finger weg! Datenabfragen sind nur rein dienstlich zu tätigen, und diesbezüglich ist die Rechtsprechung seit Jahren strafrechtlich und disziplinarrechtlich konsequent!

6.12 Durchstechen von als Verschlusssache eingestuften dienstlichen Informationen

In der Polizei gibt es unterschiedliche Arten von Informationen. Eine ganze Reihe von dienstlichen Informationen wird dabei als Verschlusssache eingestuft. Hier gibt es nach der Verschlusssachenanweisung [9] (VSA, hier bezogen auf die VSA Bund) unterschiedliche Geheimhaltungsgrade. Der niedrigste und gebräuchlichste Geheimhaltungsgrad ist die VS – NUR FÜR DEN DIENSTGEBRAUCH. Bereits diese Einstufung macht anhand der auf jeder Dokumentenseite befindlichen Kopfzeile deutlich, dass derartige Informationen nur für innerdienstliche Zwecke zu gebrauchen sind. Auch wenn der Zugang zu derartigen Verschlusssachen leicht möglich ist, gilt immer noch der Grundsatz „Kenntnis nur, wenn dienstlich notwendig". Leider kommt es immer wieder vor, dass nicht nur Auszüge aus eingestuften Dokumenten, sondern ganze Dokumente mit Verschlusssacheneinstufung an unberechtigte Dritte, wie z. B. Medienvertreter, durchge-

stochen werden. Diese Art der unberechtigten Informations-
weitergabe kann dazu führen, dass dienstinterne Vorgänge
offengelegt werden. Insbesondere bei Einsatzunterlagen oder
bei Unterlagen zu Einsatztaktiken kann diese Weitergabe zur
Gefährdung der eingesetzten Polizeibeamten/Polizeibeam-
tinnen führen. Die Weitergabe derartiger interner Information ist daher ebenfalls keinesfalls als Kavaliersdelikt zu
betrachten. Die Pflicht zur Amtsverschwiegenheit gehört zu
den Hauptpflichten eines Beamten.

6.13 Beurteilungen

Mit Beurteilungen erfolgt die Einschätzung der Eignung,
Leistung und Befähigung von Beamten/Beamtinnen. In der
Rechtsprechung ist gefestigt, dass Beurteilungen ein „Akt
wertender Erkenntnis" sind, die nur einer eingeschränkten
gerichtlichen Überprüfung unterliegen. Das Gericht überprüft im Fall einer Klage, ob sachfremde Erwägungen des
Beurteilers vorliegen und ob die formalen Rahmenbedingungen der Beurteilung eingehalten wurden. Die formalen
Rahmenbedingungen sind regelmäßig in Beurteilungsrichtlinien schriftlich niedergelegt. Die inhaltliche Ausgestal-
tung der Beurteilung ist der Überprüfbarkeit des Gerichts –
bis auf offenkundige sachfremde Erwägungen – entzogen.

Beurteilungen haben innerdienstlich unterschiedliche
Auswirkungen. Zum einen werden sie bei Bewerbungen auf
Stellen-/Funktionsausschreibungen herangezogen, um die
Bewerber/Bewerberinnen nach Eignung, Leistung und Be-
fähigung miteinander zu vergleichen und den am besten
geeigneten für die Verwendung auszuwählen. Zum anderen
dienen die Beurteilungen als wesentliche Grundlage für die
Beförderungsentscheidungen.

Seit vielen Jahren ist es bewährte Praxis, die Spitzennoten zu quotieren. Damit soll verhindert werden, dass die Spitzennoten inflationär vergeben werden. Üblich ist, in den Besoldungsgruppen nach Laufbahnen getrennt, in den Dienststellen Vergleichsgruppen zu erstellen. Auf diese Vergleichsgruppen werden dann die Quotierungen angewendet.

Eine weitere übliche Verfahrensweise ist, dass es ein zweistufiges Beurteilungsverfahren gibt. Der Erstbeurteiler/die Erstbeurteilerin arbeitet meistens enger mit dem Mitarbeiter/der Mitarbeiterin zusammen und soll seine Leistung aus dieser Perspektive bewerten. Der Zweitbeurteiler/die Zweitbeurteilerin ist für die Einhaltung der Maßstabsgerechtigkeit zuständig. Er/Sie soll sozusagen die „Adlerperspektive" einnehmen und auch die Einhaltung der Quotierung überwachen. Beiden Beurteilern/Beurteilerinnen steht es frei, sich unterschiedliche Erkenntnisquellen für die Beurteilungserstellung zunutze zu machen.

Die Beurteiler/Beurteilerinnen können bei den Beurteilungen unterschiedliche Philosophien verfolgen. So gibt es zu jeder Beurteilungsnote eine Umschreibung der Leistungen des Beamten. Es gibt den sogenannten „Eckmann", das ist der Beamte/die Beamtin, der/die seinen/ihren Dienst ordentlich verrichtet, pünktlich seine Dienste antritt und seine dienstlichen Vorgänge zufriedenstellend abarbeitet. Die Definitionen der Spitzennoten erwecken den Eindruck eines „Überbeamten" da die derartig Bewerteten ständig und langfristig deutlich überdurchschnittliche Leistungen erbringen.

Eine Philosophie ist, die Mitarbeiter/Mitarbeiterinnen streng nach den Notendefinitionen zu beurteilen. Damit ergibt sich dann, dass die Quotierungen nicht ausgeschöpft werden, weil nur einzelne und wenige Mitarbeiter/Mitarbeiterinnen die Definitionen für die Spitzennoten erfüllen. Eine andere Philosophie ist, die Quotierungen vollkommen – einschließlich möglicher Prozentsätze für Überschreitungen – auszuschöpfen. Was ist die Folge dieser beiden Philosophien? Der strenge Vorgesetzte erweist seinen Mitarbeitern/Mitarbeiterinnen einen „Bärendienst". Einerseits werden sie nach den Notendefinitionen beurteilt, und sofern dies bei allen Mitarbeitern/Mitarbeiterinnen in einer Gruppe durchgehalten wird, mag die Reihenfolge innerhalb dieser Gruppe gerecht sein. Allerdings wird diese Form der Benotung dazu führen, dass die Mitarbeiter/Mitarbeiterinnen in Bewerbungsverfahren und bei Beförderungen schlechte Aussichten auf Erfolg haben. Da die Quotierungen behördenweit angewendet werden, können die nicht ausgeschöpften Quotenanteile durch andere Beurteiler bei der behördenweiten Betrachtung der Vergleichsgruppen ausgeschöpft werden. Der Beurteiler, der die Quotierungen ausschöpft, sorgt meist dafür, dass seine Mitarbeiter/Mitarbeiterinnen bei Beförderungen und auch Stellenbesetzungen angemessen repräsentiert werden.

Für den Beurteiler/die Beurteilerin ist wichtig, dass er sich mit seinen Mitarbeitern/Mitarbeiterinnen beschäftigt. Dies bedeutet, dass er die in den Beurteilungsrichtlinien vorgesehen Gesprächstermine (z. B. Personalführungsgespräche, Kooperationsgespräche, Gespräch vor der Beurteilung, Eröffnung der Beurteilung) ernsthaft wahrnimmt. Diese Gespräche bieten die Chance, den Mitarbeitern/Mitarbeiterinnen den Beurteilungsmaßstab transparent zu machen, die eigene Leistungsbewertung mitzuteilen und von den Mitarbeitern/Mitarbeiterinnen ein Feedback zur eigenen Führung zu erhalten. Die Gespräche bieten insbesondere auch die Chance, über die dienstliche Weiterentwicklung von Mitarbeitern/Mitarbeiterinnen zu sprechen. Dabei sollen sowohl eigene Wünsche der Mitarbeiter/Mitarbeiterinnen als auch Vorstellungen des Vorgesetzten eingebracht werden. Damit kann der Beurteilte sein

Selbstbild mitteilen und erhält ein Fremdbild zurückgespiegelt. Durch diese Art und Weise der Gesprächsführung entwickelt sich eine vertrauensvolle Zusammenarbeit zwischen Vorgesetzten und Mitarbeitern/Mitarbeiterinnen.

Die Beurteiler haben immer wieder ein Spannungsfeld bei Polizeibeamten/Polizeibeamtinnen, die kurz vor dem Ruhestand sind. Um eine Beförderung ruhegehaltsfähig zu erhalten, muss diese eine gewisse Zeit vor dem Ruhestand erfolgt sein. Somit wird dann darüber diskutiert, ob ein Mitarbeiter/eine Mitarbeiterin im „Altersstrafraum" noch auf eine Spitzennote gehoben werden soll, um einen aussichtsreichen Platz auf der Beförderungsrangliste für diesen zu sichern. Geht es nach dem Willen der Personalvertretungen und Gewerkschaften, so sollten die Mitarbeiter/Mitarbeiterinnen möglichst ihre höchstmögliche Dienstpostenbewertung ruhegehaltsfähig erhalten. Dies kollidiert mit dem Grundsatz der Leistungsbewertung nach Eignung, Leistung und Befähigung.

Der Beurteiler/die Beurteilerin sollte regelmäßig Dienst- und Fachaufsicht bei seinen/ihren Mitarbeitern/Mitarbeiterinnen durchführen und ihnen ungefragt ein Feedback zu seinen/ihren Leistungsfeststellungen geben. So hat er/sie nicht nur einen Eindruck von seinem/ihrem Beurteilten, sondern eine Vielzahl von Eindrücken, so dass er/sie seine/ihre Leistungsbewertung möglichst objektiviert durchführen kann.

Der Beurteilte sollte sich mit dem aktuellen Beurteilungssystem auseinandersetzen, indem er sich mit der gültigen Beurteilungsrichtlinie beschäftigt. Er sollte die Beurteilungsgespräche als Chance zur persönlichen Weiterentwicklung nutzen. Dazu gehört auch, ein Fremdbild des Vorgesetzten zur Leistungsbewertung zu erhalten. Dem Beurteilten steht es frei, eigeninitiativ um einen beurteilungsrelevanten Gesprächstermin zu bitten. Er muss nicht darauf warten, dass er vom Beurteiler hierzu eingeladen wird. Der Beurteilte kann vom Beurteiler konkrete Hinweise zur Leistungssteigerung erbitten.

Häufig sind Beurteilte mit ihrer Beurteilung unzufrieden, was für die meisten Beamten/Beamtinnen kurz nach der Beurteilungsrunde Unzufriedenheit und/oder Stress verursacht. Durch den Vorsatz „Dienst nach Vorschrift zu machen" oder eine schlechte Stimmung zu verbreiten, sollte der Beurteilte sich immer wieder vor Augen halten, dass die Beurteilung „ein Akt wertender Erkenntnis" seines/seiner Vorgesetzten ist.

> Beurteilungen sind eine Zweibahnstraße. Der Beurteilte sollte den Dialog mit seinem Beurteiler nutzen, um seine Leistungsbewertung transparent dargestellt zu bekommen und Verbesserungspotenziale auszuloten.

6.14 Beförderungen

Beförderungen stehen im engen Zusammenhang mit Beurteilungen, da aus der Leistungsbewertung in der Beurteilung maßgeblich die Beförderungsreihenfolge resultiert. Der Dienstherr hat keine Pflicht zur Beförderung. Diese hängt u. a. von den Kassenanschlägen im jeweiligen Haushaltsplan ab. Mittlerweile ist es nach diversen gerichtlichen Entscheidungen über Konkurrentenklagen übliche Praxis, dass geplante Beförderungen vorher in geeigneter Form angekündigt werden. Dies kann durch einen allgemeinen Aushang, Veröffentlichungen im Intranet und/oder E-Mails erfolgen und ist abhängig von der Personenanzahl in der jeweiligen Besoldungsgruppe.

Damit haben die Polizeibeamten/Polizeibeamtinnen die Möglichkeit, ihren Ranglistenplatz zu erfragen und ggf.

eine Konkurrentenklage beim Gericht einzureichen. Per einstweiliger Verfügung kann dann die Aushändigung der Ernennungsurkunden gestoppt werden. Das Gericht prüft das Beförderungsverfahren auf seine Rechtmäßigkeit. Mittlerweile hat die Klagefreudigkeit der Polizisten/Polizistinnen in Form von Konkurrentenklagen zugenommen. Einerseits ist es das gute Recht eines jeden, eine Entscheidung auf ihre Rechtmäßigkeit überprüfen zu lassen. Andererseits ist es für die betroffenen Beamten/Beamtinnen eine erhebliche Belastung, wenn sie im ungünstigsten Fall schon zur Ernennung zu ihrem Vorgesetzten einbestellt wurden und die Ernennungen dann auf Grund einer richterlichen Entscheidung nicht vollzogen werden dürfen.

Das Verfahren zur Aufstellung einer Beförderungsrangliste ist sehr komplex. Die aktuelle Beurteilung spielt die wichtigste Rolle. Vorhergehende Beurteilungen werden ebenfalls mit einbezogen, wenn mehrere Personen auf einem gleichen Ranglistenplatz stehen. Darüber hinaus gibt es dann noch weitere Hilfskriterien, wie das Dienstalter und die Stehzeit im Statusamt. Für die meisten Polizisten/ Polizistinnen ist dieses Ranglistenverfahren wenig transparent. Zumal dann auch noch hinzukommt, wie viele Beförderungsmöglichkeiten in dem jeweiligen Statusamt auf die einzelnen Behörden verteilt wurden. Dies kann dazu führen, dass in Behörde A eine schlechtere Note in der Beurteilung noch zu einer Beförderung ausreicht, während in der Behörde B eine bessere Note benötigt wird.

Blickt man einige Jahre zurück, so konnten oft nur so viele Beförderungen durchgeführt werden, wie Beamte/Beamtinnen in den Ruhestand versetzt worden sind. Dies führte dazu, dass Beamte/Beamtinnen über Jahre hinweg Spitzennoten in ihrer Beurteilung hatten und trotzdem nicht befördert werden konnten. Dies hat bei einer nicht unerheblichen Anzahl von Polizisten/Polizistinnen zu Frustration geführt. Sie fühlten sich in ihrer Arbeit nicht wertgeschätzt. Daran konnten auch die leistungsbezogenen Instrumente wie eine Leistungsprämie oder eine Leistungszulage nichts ändern und es führte auch dazu, dass es im jeweils ersten Beförderungsamt einer Laufbahn in vielen Polizeien einen „Bauch" gab, weil viele Beamte/Beamtinnen dann nicht weiter befördert werden konnten.

Unfrieden bringt der Faktor der Gleichstellung. Einige Männer nehmen an, dass Frauen nur aufgrund ihres Geschlechts befördert werden. Dies stimmt so bedingungslos nicht. Eignung, Leistung und Befähigung müssen gleich sein. Wenn dann Frauen in dem Bereich unterrepräsentiert sind – was bei der Polizei in einigen Besoldungsgruppen der Fall ist – dann erhält die Frau bei Leistungsgleichheit den Vorzug.

Aufgrund der aktuellen Gefährdungslage in Deutschland haben die Polizeien einen Aufwuchs an Planstellen erhalten. Damit sind aktuell mehr Beförderungsmöglichkeiten in allen Laufbahnen vorhanden. Dies führt dazu, dass derzeit Beamte/Beamtinnen in sehr kurzer Zeit befördert werden und damit – wenn sie eine entsprechende Planstelle innehaben – bereits in einem sehr jungen Lebensalter das Endamt ihrer Laufbahn erreicht haben.

Beförderungen haben meist nur über eine kurze Zeitspanne einen positiven Effekt. Dies wurde ausführlich in einer englischsprachigen Studie des Forschungsinstituts zur Zukunft der Arbeit [10] untersucht. In dieser Studie wurde u. a. festgestellt, dass der positive Effekt von Beförderungen meist nach zwei Jahren verflogen ist. Nach drei Jahren stellt sich die Situation, die vor der Beförderung herrschte, wieder ein. Die Beförderten litten meist psychisch unter der gestiegenen beruflichen Verantwortung und Belastung. Die körperliche Gesundheit und Lebenszufriedenheit blieben langfristig unverändert.

6.15 Unterschiedliche Bezahlung

Die Polizeien des Bundes und die Polizeien der Länder bezahlen ihre Mitarbeiter/Mitarbeiterinnen unterschiedlich. Dies wurde aufgrund veränderter gesetzlicher Rahmenbedingungen möglich. Die Bezahlung ist in den jeweiligen Besoldungsgesetzen geregelt. Dabei kann es erhebliche Abweichungen geben.

Die unterschiedliche Besoldung ist für Polizisten/Polizistinnen ein Anreiz, den Dienstherrn zu wechseln. Allerdings ist dies meistens nicht ohne weiteres möglich, da es eine Vereinbarung auf der politischen Ebene gibt, dass sich die Polizeien untereinander kein Personal abwerben. Die einfachste Möglichkeit ist im Regelfall ein Tauschpartner/eine Tauschpartnerin. Zum Auffinden von Tauschpartnern/Tauschpartnerinnen gibt es Tauschbörsen, in denen die wechselwilligen Beamten/Beamtinnen ihre Gesuche aufgeben können.

Ein anderer Weg des Dienstherrnwechsel ist der Antrag auf Entlassung beim aktuellen Dienstherrn und das Begründen eines neuen Beamtenverhältnisses bei dem anderen Dienstherrn. Um dem o. a. Gedanken des Nicht-Abwerbens gerecht zu werden, gibt es hier regelmäßig eine Sperrfrist von einem Jahr, in der der Wechselaspirant dann ohne Beamtenstatus und Besoldung verbleibt. Dieser Schritt will wohlüberlegt sein, da er mit vielen Risiken behaftet ist. Insbesondere die Feststellung der Polizeidiensttauglichkeit bei der Begründung eines neuen Beamtenverhältnisses ist vor allem bei lebensälteren Beamten/Beamtinnen – vielleicht auch mit vorherigen Verletzungen oder Krankheiten – ein erhebliches Risiko.

6.16 Karriereplanung

In den meisten Polizeien gibt es Personalentwicklungskonzepte, und im Regelfall muss sich ein Polizeibeamter/eine Polizeibeamtin auf einen Dienstposten oder eine Funktion bewerben. Dazu gibt es Ausschreibungen, in welchen die obligatorischen und fakultativen Voraussetzungen für diesen Dienstposten oder die Funktion enthalten sind. Manchmal ist nämlich ein Dienstposten besetzt, aber der Dienstposteninhaber nicht vor Ort, um diese Aufgabe auszufüllen. Dann besteht die Möglichkeit, eine Funktionsausschreibung durchzuführen. Durch Funktionsausschreibungen soll sichergestellt werden, dass der am besten geeignete Bewerber/die am besten geeignete Bewerberin mit der funktionalen Aufgabenwahrnehmung betraut wird. Auch für einen Laufbahnwechsel gibt es konkrete Vorgaben, z. B. im Hinblick auf die Dienstzeit, das notwendige Statusamt und unterschiedliche Verwendungen, die durchlaufen werden müssen.

Bei den Beamten/Beamtinnen gibt es unterschiedliche Verhaltensweisen. Ein Typus versucht so schnell wie möglich, alle Karrierebausteine in der Mindestzeit abzuhaken und abzuarbeiten. Ein anderer Typus wartet darauf, dass er/sie von seinem/ihrem Vorgesetzten angesprochen und zu einer Bewerbung aufgefordert wird. Das sind sozusagen die beiden extremen Typen; dazwischen sind alle anderen Varianten denkbar.

Kümmere dich um dich selbst – aber nicht auf Kosten anderer – und warte nicht darauf, dass du von einem/einer Vorgesetzten gecastet (entdeckt) wirst!

Bedenke, dass Karriere nicht alles im Leben ist. Die berufliche Zufriedenheit ist ebenfalls ein wichtiger Faktor, der zur Gesunderhaltung beiträgt.

6.17 Unzufriedenheit – Flucht in die Öffentlichkeit

Polizeibeamte/Polizeibeamtinnen sind teilweise unzufrieden mit den Zuständen in „ihrer" Polizei. Diese Unzufriedenheit kann sehr unterschiedliche Ursachen haben. Um in einer großen Organisation wie einer Polizei etwas zu verändern, bedarf es eines langen Atems. Zielführend ist, wenn sich eine Anzahl der Mitarbeiter/Mitarbeiterinnen zusammentut und konstruktive Vorschläge unterbreitet. Im Idealfall sollten diese Vorschläge über die vorgesetzte(n) Ebene(n) entwickelt werden. Wenn Vorgesetzte sich für diese Ideen begeistern lassen, so ist es meistens leichter, eine Veränderung bis in die Entscheidungsebene zu transportieren und hierfür Unterstützung zu erhalten. Teilweise gibt es in den Behörden auch Stellen, die für die Mitarbeiter/Mitarbeiterinnen außerhalb der Hierarchie ansprechbar sind. In einigen Ländern gibt es auch Polizeibeauftragte oder Bürgerbeauftragte, die ebenfalls von Mitarbeitern/Mitarbeiterinnen der Polizeiorganisation kontaktiert werden können.

Im Ergebnis gibt es einen Weg, der sich verbietet, und das ist die sogenannte Flucht in die Öffentlichkeit. Dies bedeutet, wenn Mitarbeiter/Mitarbeiterinnen innerhalb ihrer Organisation nicht die gewünschten Veränderungen erreichen, so werden Medienvertreter eingeschaltet, um den Sachverhalt öffentlich zu machen.

Gerade in Verbindung mit Großeinsätzen ist auch in den sozialen Netzwerken zu beobachten, dass von Einsatzkräften selbst oder über Gewerkschaftsvertreter Bilder und Kommentierungen mit Unzulänglichkeiten veröffentlicht werden. Hier wäre es eher angebracht, die Kritik gegenüber den zuständigen Ansprechpersonen zu äußern und ihnen eine angemessene Zeit zur Mängelbeseitigung einzuräumen. Mängel können immer nur dann abgestellt werden, wenn sie den Verantwortlichen bekannt sind. Gerade bei Großeinsätzen sind die Unterbringung und Versorgung vieler Mitarbeiter/Mitarbeiterinnen eine logistische Meisterleistung. Insofern bedarf es einer angemessenen Zeit, um Unzulänglichkeiten abzustellen. Bei Veröffentlichungen über die sozialen Netzwerke wird auch die Öffentlichkeit eingeschaltet. Hier nur mit dem Unterschied, dass es nicht eines Journalisten/einer Journalistin als Mittler bedarf.

Bei einer wie auch immer gearteten Flucht in die Öffentlichkeit sollte der Einzelne oder die Personengruppe bedenken, was damit bewirkt wird. Vielleicht führt die Berichterstattung in der Öffentlichkeit dazu, dass sich in dem Mikrokosmos etwas verändert. Vielleicht wird aber auch unberechtigt das Ansehen einer ganzen Berufsgruppe oder einer gesamten Einsatz- bzw. Polizeiorganisation geschmälert, weil nicht alle Zusammenhänge und Hintergründe bei den Betreffenden bekannt sind. Es ist davon auszugehen, dass derartige Veröffentlichungen auf allen Ebenen immer sehr viel Stress produzieren. Dadurch entsteht für alle Mitwirkenden ein Rechtfertigungsdruck, der durch eine angemessene Art der Problemlösung vermeidbar ist.

> Eine Flucht in die Öffentlichkeit verbietet sich grundsätzlich. Es sollte immer in angemessener Form intern versucht werden, Problemstellungen zu lösen. Dies geschieht am besten durch konstruktive Kritik – also eine Kritik, die bereits Lösungsvorschläge enthält.

6.18 Erreichbarkeit

Gerade bei Führungskräften wird teilweise stillschweigend und ohne besondere Vergütung erwartet, dass sie permanent erreichbar sind. Auch Freizeit, Wochenenden und Urlaub bilden da oft keine Ausnahmen. Umgekehrt ist es aber auch so, dass Führungskräfte über nahezu alles aus ihrer Dienststelle informiert werden möchten und nicht loslassen können. Begünstigt wird dies durch die moderne Technik, die es möglich macht, über entsprechende Smartphones bzw. speziell gesicherte Computer dienstlich ständig erreichbar zu sein. Mit dem „ständig erreichbar sein" wird auch eine Erwartungshaltung erzeugt, nämlich, dass in kürzester Zeit auf E-Mails reagiert wird. Dieser Trend entspricht auch der Entwicklung in der heutigen Gesellschaft, in der Smartphones omnipräsent sind und damit der Einzelne (fast) immer erreichbar ist.

Hier sollte sich jeder selbst hinterfragen, ob er ständig erreichbar sein möchte. Gerade für Führungskräfte ist es wichtig, auch einmal loszulassen und dem dienstlichen Vertreter/der Vertreterin Vertrauen entgegenzubringen, dass er bzw. sie Entscheidungen im Sinne der Sache trifft.

Der Selbstanspruch, immer erreichbar zu sein, führt letztlich dazu, dass das Abschalten vom Dienst und damit die wirkliche Erholung ausbleibt. Also dient es auch der eigenen Gesunderhaltung, in der Freizeit und vor allem im Urlaub eine Distanz zum Alltag des täglichen Dienstes aufzubauen.

> Bewusste „Auszeiten" einplanen und sich selbst nicht für so wichtig halten, dass man ständig erreichbar sein muss!

6.19 Video-/Bildaufnahmen von Einsatzsituationen und deren Veröffentlichung im Internet

Die überwiegende Anzahl von Menschen verfügt mittlerweile über ein Smartphone, mit dem im Zeitalter der Flatrates auch fast jeder permanent online im Internet ist. Es gibt eine Vielzahl von Apps, die eine permanente Verbindung mit den sozialen Netzwerken ermöglichen. So sollten Polizeibeamte/Polizeibeamtinnen heute bei (fast) allen Einsatzsituationen damit rechnen, dass sie von dritten Personen bei ihren Einsatzmaßnahmen gefilmt und diese Aufnahmen im Internet veröffentlicht werden. Dabei sind verschiedene Fallkonstellationen denkbar: Im Idealfall hat der Beamte/die Beamtin rechtmäßig gehandelt und das Video wurde nicht bearbeitet. Insofern ist es für den Beamten/die Beamtin möglicherweise unangenehm, wenn er im Internet erkennbar gezeigt wird.

Ein häufig vorkommendes Phänomen ist, dass Videos oder Bilder aus dem Zusammenhang gerissen werden. Dies kann dazu führen, dass gerade in Verbindung mit den entsprechenden Hashtags, wie z. B. #Polizeigewalt, ein negatives Bild von dem/den handelnden Beamten oder Beamtinnen oder der Gesamtorganisation in der Öffentlichkeit gezeichnet wird. Ein weiterer Effekt kann in aufgeheizten polizeilichen Einsatzsituationen entstehen: Da das Gegenüber ein gewalttätiges Handeln der Polizei unterstellt, wird mit Gewalt auf die Polizeibeamten/Polizeibeamtinnen eingewirkt.

In unserer modernen Gesellschaft verbreiten sich derartige Informationen rasant, und nur wenige User verifizieren Informationen, bevor sie sie weiterverbreiten. Daher sind die Polizeidienststellen gefordert, Derartiges möglichst schnell zu erkennen und unverzüglich darauf zu reagieren.

Ein weiteres Phänomen sind Fakebilder bzw. Fakevideos, die mit dem laufenden Einsatz überhaupt nicht in Zusammenhang stehen, sondern aus anderen Situationen stammen. Damit wird teilweise gezielt suggeriert, dass Polizeibeamte/Polizeibeamtinnen gewalttätig handeln oder sich in anderer Weise fehlverhalten.

Der Beamte/die Beamtin vor Ort kann am Umstand der Foto-/Videoaufnahme i. d. R. nichts ändern und sollte sich professionell verhalten. Die ungünstigste Reaktion wäre, dem Gegenüber das Smartphone/den Fotoapparat aus der Hand zu reißen oder die Hand vor der Linse zu platzieren.

Da die sozialen Netzwerke extrem schnell derartiges Material verbreiten sollte der Beamte/die Beamtin so schnell wie möglich seine Dienststelle über die Situation in Kenntnis setzen. Dann hat die Dienststelle die Möglichkeit, die sozialen Netzwerke gezielt zu monitoren und kann anlassbezogen auf die Aufnahmen reagieren. Die meisten Polizeien sind zwischenzeitlich in den sozialen Netzwerken vertreten und haben sich einen Stamm von Interessierten – eine Community – aufgebaut, der die offiziellen polizeilichen Veröffentlichungen verfolgt. Somit hat die Dienststelle dann im gebotenen Fall die Möglichkeit, durch eigene Information ihrer Community einen Sachverhalt zu kommentieren oder gar richtigzustellen.

Eine weitere Fallgruppe sind Beamte/Beamtinnen, die sich in Einsatzsituationen kritikwürdig oder falsch verhalten. Durch die Auswertung von Fotos und/oder Videoaufzeichnungen Dritter besteht dann die Möglichkeit, den Sachverhalt aufzuklären und ein tatsächlich festgestelltes Fehlverhalten dann auch straf- und/oder disziplinarrechtlich zu sanktionieren. Videoaufzeichnungen können dabei vielfältig sein. Hierzu kommen auch Überwachungskameras in Betracht, die von verschiedenen Einrichtungen betrieben werden. Wichtig ist, die geeigneten Überwachungskameras zeitnah festzustellen, um die Aufzeichnungen unverzüglich auswerten und bei Relevanz sicherstellen zu können. Teilweise erfolgt die Speicherung nur zeitlich befristet und folglich besteht die Gefahr, dass die Aufzeichnungen gelöscht oder überspielt werden.

> **Beispiel**
>
> Eine Polizeistreife kommt zu einer Verkehrsunfallaufnahme im innerstädtischen Bereich. Ein Fahrzeug hat sich überschlagen, die Fahrzeuginsassen haben nur leichte Verletzungen. Der Beifahrer eines unfallbeteiligten Fahrzeugs steht

im Bereich der Unfallstelle, an der auch Betriebsstoffe aus-
laufen, und zündet sich eine Zigarette an. Ein Beamter for-
dert die Person auf, die Zigarette wegen der Brandgefahr
auszumachen. Die Person leistet dieser Aufforderung keine
Folge und aus dieser Situation ergibt sich ein Gerangel. Die
körperliche Auseinandersetzung eskaliert so weit, dass die
Person von mehreren Beamten unter mehrfacher Einwirkung des Schlagstocks zu Boden gebracht wird. Die gesamte
Situation wurde mit einem Smartphone gefilmt und bereits
einen Tag nach dem Einsatz steht das Video online. Die betroffene Person hat ihre Verletzungen durch den Schlag-
stock fotografiert und hat diese Bilder gleichfalls in sozialen
Netzwerken veröffentlicht. Die Videoaufzeichnung wurde
von mehreren Medien aufgegriffen und die Situation mit
Untertiteln kommentiert.

In einem solchen Fall ist es ungünstig, in den dienstlichen
Berichten die Unwahrheit zu dokumentieren. Dies kann in
der Folge dazu führen, dass sich die Dienststelle z. B. in Pressemitteilungen oder Kommentaren in sozialen Netzwerken
in der Sache falsch positioniert, weil sie von den handelnden
Beamten/Beamtinnen falsch unterrichtet wurde. Damit wird
der Ruf einer ganzen Polizeiorganisation geschädigt. Kein
Beamter/keine Beamtin muss sich als Beteiligter/Beteiligte
selbst belasten. Dies gilt sowohl im strafrechtlichen als auch
im disziplinarrechtlichen Bereich. Eine vertretbare und recht-
lich zulässige Lösung ist, sich nicht zur Sache einzulassen.
Zumal in der Stresssituation einer Widerstandshandlung
auch Wahrnehmungsfehler auftreten können. Es hat jedoch
sehr negative Auswirkungen, bewusst die Unwahrheit zu
berichten und sich diesbezüglich mit seinem Streifenpartner
zu vereinbaren. Durch die Videoaufzeichnung(en) sowie
Zeugenaussagen lässt sich die Wahrheit im Nachgang ermitteln. Dessen sollten sich die Handelnden bewusst sein.

Allerdings besteht auch die Gefahr, dass die handelnden
Beamten/Beamtinnen aufgrund des Drucks der Öffentlichkeit dienstintern vorverurteilt werden. Dies sollte keines-

falls geschehen und der Sachverhalt objektiv mit den zur Verfügung stehenden Mitteln aufgeklärt und bewertet werden. Dabei sollte geprüft werden, ob eine vorübergehende Verwendung der betroffenen Beamten/Beamtinnen im Innendienst sinnvoll ist.

> Bleiben Sie bei der Wahrheit, auch wenn hieraus straf- und oder disziplinarrechtliche Konsequenzen entstehen. Diese fallen meist weniger hart aus, wenn der Beamte/die Beamtin Einsicht und Reue zeigt, nachdem er/sie falsch gehandelt hat.

6.20 Ausspähung und Bedrohung von Polizisten/Polizistinnen

Viele Polizeibeamte/Polizeibeamtinnen machen sich die Mühe, ihre Fahrzeugkennzeichen und privaten Wohnadressen bei den zuständigen Behörden gegen Auskünfte Dritter sperren zu lassen. Ein durchaus aufwendiges Prozedere, da ein dienstliches Bedürfnis für diesen Schritt begründet werden muss. Das polizeiliche Gegenüber macht es sich viel einfacher, Polizisten/Polizistinnen auszuspähen. Ausspäher warten in der Nähe von Polizeidienststellen und beobachten, welches Fahrzeug zu welcher Person gehört. Wenn sie hinter Beamten/Beamtinnen hinterherfahren, finden sie sehr leicht die private Wohnanschrift heraus. Über Beobachtungen an der privaten Wohnanschrift, gepaart mit Recherchen im Internet und sozialen Netzwerken, lassen sich schnell und unauffällig Erkenntnisse über Beamte/Beamtinnen, ihre familiären Verhältnisse und Lebensumstände sowie Gewohnheiten gewinnen. Gerade in Großstädten ist es einfach, hinter einem arglosen Polizisten/einer arglosen Polizistin herzufahren. In Berlin gab es auch Fälle, in welchen Fotos in sozialen Netzwerken veröffentlicht wurden, auf denen Privatfahrzeuge mit Graffitis mit eindeutigem Szenebezug besprüht wurden. Solche nonverbalen Botschaften sagen jedoch viel. Damit wird z. B. zum Ausdruck gebracht: wir wissen, wer du bist! Wir wissen, welches Auto dir gehört! Wir wissen, dass du Polizist/Polizistin bist und in welcher Dienststelle du arbeitest. Derartige Maßnahmen sind geeignet, Polizeibeamte/Polizeibeamtinnen zu verunsichern. Gerade bei Beamten/Beamtinnen, die Lebens-/Ehepartnerinnen/-partner oder Kinder haben, ist die Verunsicherung mit Recht erheblich.

In zeitlichem Zusammenhang mit den Öffentlichkeitsfahndungen nach dem G20-Gipfel in Hamburg wurden von der linken Szene auf einer Webpage Polizeibeamte/Polizeibeamtinnen zur „Fahndung" ausgeschrieben. Diese Beamten/Beamtinnen waren bei Durchsuchungen von Szeneobjekten in Berlin im Einsatz. Das polizeiliche Gegenüber machte dasselbe, was die Polizei ebenfalls macht: der Einsatz wird dokumentiert. Die heutige Kameratechnik und Software erlaubt es ohne Weiteres, aus Videos Portraitfotos zu erstellen, welche dann öffentlichkeitswirksam im Internet veröffentlicht werden.

Selbst in einer beschaulichen Stadt in der Nähe von Lüneburg erhielt ein Polizeibeamter vor einiger Zeit einen „Hausbesuch", bei welchem dann auch seine Familie bedroht wurde. Ein Beamter der Bundespolizei, der Abschiebungen auf dem Luftweg begleitet hatte, wurde ebenfalls zu Hause aufgesucht und bedroht.

Die geschilderten Beispiele sind real passiert! Die Schilderung derselben soll keine Angst machen, sondern sensibilisieren. Dies schließt auch den Bogen zu den Ausführungen zu Social-Media-Profilen und Privatsphäreeinstellungen. Durch eine bewusste und restriktive Einstellung kann vermieden werden, zu viele Informationen über sich und seine Familie preiszugeben.

Polizisten/Polizistinnen sollten ihr Umfeld aufmerksam beobachten und auch ihre Familien auf derartige Sachverhalte aufmerksam machen. Bei Einsätzen in bestimmten Szeneobjekten sollte vermehrt geprüft werden, das Tragen von Identitätsschutzhauben für alle eingesetzten Beamten/Beamtinnen freizugeben.

Literatur

1. Deutscher Bundestag, 19. Wahlperiode, Drucksache 19/883 vom 23.02.2018
2. Bayerisches Gesetz- und Verordnungsblatt Nr. 14/2018 vom 31. Juli 2018, Seite 607, Gesetz zur Einrichtung der Bayerischen Grenzpolizei
3. https://katharina-schulze.de/gruene-klagen-gegen-bayerische-grenzpolizei/. Zugegriffen am 04.03.2020
4. Bürgerschaft der Freien und Hansestadt Hamburg, 21. Wahlperiode, Drucksache 21/9846 vom 25.07.2017
5. Bürgerschaft der Freien und Hansestadt Hamburg, 21. Wahlperiode, Drucksache 21/17747 vom 12.07.2019
6. Bürgerschaft der Freien und Hansestadt Hamburg, 21. Wahlperiode, Drucksache 21/14350 vom 20.09.2018
7. Bürgerschaft der Freien und Hansestadt Hamburg, 21. Wahlperiode, Drucksache 21/17025 vom 07.05.2019
8. Deutscher Bundestag, 19. Wahlperiode, Drucksache 19/2373 vom 29.05.2018
9. Allgemeine Verwaltungsvorschrift des Bundesministeriums des Innern zum materiellen und organisatorischen Schutz von Verschlusssachen (VS-Anweisung – VSA) vom 31. März 2006 in der Fassung vom 26. April 2010 (GMBl. 2010, S 846)
10. Johnston D, Lee W-S (2012) Extra status and extra stress: are promotions good for us? IZA DP No. 6675, June

7

Persönliche Stressoren

Eine Vielfalt unterschiedlicher Faktoren wirkt auf Polizisten/Polizistinnen als Menschen sowohl im privaten als auch im dienstlichen Bereich, aber auch an den Schnittmengen zwischen Beruf und Freizeit ein. Nachfolgend sollen ausgewählte Faktoren in Verbindung mit Stress betrachtet werden. Für jeden Menschen ist dabei individuell, wie stark die Stressoren auf die Person einwirken und wie groß die Schnittmengen zwischen Beruf und Privatleben sind.

7.1 Vereinbarkeit von Familie und Beruf

Die Vereinbarkeit von Familie und Beruf ist auch bei der Polizei leichter geworden. Dennoch ist es unverzichtbar, sich mit seiner Familie abzustimmen und genau abzuwägen, ob z. B. ein Laufbahnwechsel oder ein Dienststellenwechsel

© Springer Fachmedien Wiesbaden GmbH, ein Teil von Springer Nature 2020
N. Bernstein, *Der Anti-Stress-Trainer für Polizisten*, Anti-Stress-Trainer,
https://doi.org/10.1007/978-3-658-12475-5_7

ein familiär vertretbarer Weg ist. Mit dem Lebensalter und den entstehenden eigenen familiären Bindungen verschieben sich die Prioritäten, persönlichen Wertigkeiten und Möglichkeiten. Gerade wenn ein Kinderwunsch besteht oder bereits realisiert wurde, ist genau abzuwägen, ob ein Aufstieg zum Zeitpunkt X sinnvoll ist. Zumal nicht immer klar ist, an welchem Verwendungsort der Beamte/die Beamtin nach seinem Aufstieg verwendet werden wird.

Zumindest während der Ausbildung bedeutet der Aufstieg für die meisten Beamten/Beamtinnen eine zeitweise Trennung von Familie, Kindern und Freunden. Somit muss das Familienleben anders organisiert werden. Der Laufbahnwechsel bedeutet auch Stress: Es gibt viel Lernstoff. Vieles, was früher „aus dem Bauch heraus" erfolgte, muss jetzt wieder schulmäßig durchgeführt werden. Außerdem stehen eine ganze Reihe von Prüfungen an, für die zu lernen ist. Damit wird öfter die Entscheidung zu treffen sein, ob das Wochenende im Kreis der Familie verbracht werden kann oder ob ein Verbleib in der Unterkunft zum Lernen sinnvoller ist.

Schilderungen von Kollegen/Kolleginnen zeigen, dass der Sonntagabend, wenn es zurück in die Schuleinrichtung geht, ein schwerer Weg ist. Gerade wenn die Kinder noch kleiner sind, machen sie vielen Kollegen/Kolleginnen das Abschiednehmen nicht leichter. Sehr häufig ist es auch so, dass sich an den relativ kurzen Wochenenden viele Dinge ballen. Gerade wenn noch weite Reisewege, oft verbunden mit langen Fahrzeiten durch Staus auf der Autobahn oder unpünktliche Züge/Flugzeuge, hinzukommen, ist ein konfliktreicher Start in das Wochenende bereits vorprogrammiert.

Im alltäglichen Dienst einer Stammdienststelle gibt es heute viele Möglichkeiten, familiäre Belange unterschiedlichster Art mit dem Dienst zu vereinbaren. Voraussetzung hierfür ist aber, dass auf beiden Seiten – bei dem Begehrenden und bei dem Entscheidenden – Flexibilität und Kompromissbereitschaft vorhanden sind. Teilzeitarbeit darf eben nicht dazu führen, dass immer nur „die Rosinen herausgepickt werden", d. h. es müssen (planbar) auch unbequemere Einsatzverpflichtungen wahrgenommen werden. Wenn Teilzeitkräfte stets versuchen, sich um unangenehme Dienste zu drücken, so wird dies von den Kollegen/Kolleginnen und Vorgesetzten meist relativ schnell erkannt. Die gleichgestellten Kollegen/Kolleginnen haben hierfür fast immer feine Antennen, und dies kann sehr schnell zu Kritik und auch Stress in einer Organisationseinheit führen.

In einigen Dienststellen gibt es auch die Möglichkeit sehr flexibler Schichtmodelle. Gerade an Dienststellen, die von bestimmten Reisezeiten abhängen (z. B. Flughäfen, Häfen) orientieren sich die Dienststellen immer mehr an dem tatsächlichen Bedarf, um Spitzenzeiten effizient abdecken zu können. Dadurch gibt es in einigen Dienststellen hochflexible Schichtsysteme, in denen sich die Beamten/Beamtinnen auch unter Berücksichtigung ihrer familiären Bedürfnisse einplanen können.

Durch die moderne Technik gibt es auch Möglichkeiten mobilen Arbeitens. Hierzu gibt es meist in den Dienststellen verschriftlichte Regularien, die als Dienstvereinbarung mit der Personalvertretung und der Gleichstellungsbeauftragten vereinbart sind. Interessenten/Interessentinnen sollten sich mit den Regularien auseinandersetzen und für sich prüfen, ob sie und ihre dienstliche Tätigkeit diese Kriterien erfüllen. Dann sollte ein vertrauensvolles Gespräch mit den zuständigen Vorgesetzten gesucht und die Absicht einer Antragstellung besprochen werden. Wenn der/die Vorgesetzte diesen Antrag positiv unterstützt, ist die Aussicht auf Genehmigung meistens wesentlich höher.

Durch flexible Arbeitszeiten und mobiles Arbeiten lässt sich viel Stress vermeiden. Zur optimalen Nutzung bedarf es zum einen der Kenntnis dieser Möglichkeiten und zum anderen einer vertrauensvollen Zusammenarbeit mit Vorgesetzten. Mit Kompromissbereitschaft lassen sich für beide Seiten zufriedenstellende Lösungen schaffen.

7.2   Entfernung Wohnort/Dienstort

Es gibt eine nennenswerte Anzahl von Polizeibeamten/Polizeibeamtinnen, die erhebliche Entfernungen von ihrem Wohnort zu ihrem Dienstort zurücklegen. Teilweise gibt es hier noch Unterschiede, bei welchem Dienstherrn die Beamten/Beamtinnen beschäftigt sind. Bei Bundesbeamten/Bundesbeamtinnen ist die Entfernung für Wochenendpendler/Wochenendpendlerinnen oft mehrere 100 km weit. Bei Beamten/Beamtinnen aus Länderpolizeien sind die Entfernungen meist nicht so groß, wobei die tatsächliche Entfernung nicht allein der ausschlaggebende Faktor ist. Genauso ist die Zeitaufwendung für die Wegstrecke mit zu betrachten. Gerade in Großstädten oder Ballungsräumen ist der Zeitaufwand, um zur Dienststelle und von dort wieder nach Hause zu gelangen, oft erheblich.

7.2.1   Verkehrsmittel Bahn

Die Präferenz der Beamten/Beamtinnen hinsichtlich des Verkehrsmittels ist sehr unterschiedlich. Teilweise gibt es günstige Bahnanbindungen, so dass die Beamten/Beamtinnen täglich weite Entfernungen damit zurücklegen. Begünstigt wird die Bahnnutzung dadurch, dass unter bestimmten festgeschriebenen Bedingungen ein kostenfreier Transport uniformierter Polizeibeamter erfolgt. Als Gegenleistung für den kostenfreien Transport sind die Beamten/ Beamtinnen verpflichtet, polizeilich tätig zu werden, wenn dies erforderlich ist. Viele nutzen die Zugfahrzeit, um Bücher zu lesen oder an ihrem PC mobil zu arbeiten. Dies ist jedoch nicht immer möglich, da der/die kostenfrei reisende Beamte/Beamtin keinen Anspruch auf einen Sitzplatz hat. Viele empfinden Bahnfahren als stressfrei, weil sie hier nur Mitfahrer/Mitfahrerinnen sind und nicht die Verantwortung eines Fahrzeugführers/einer Fahrzeugführerin tragen.

> Sofern die Bahn/der ÖPNV kostenfrei in Uniform genutzt werden soll, sollten immer – unabhängig von der dienstlichen Stellung – die notwendigen Führungs- und Einsatzmittel mitgeführt werden. Ein polizeiliches Einschreiten könnte jederzeit erforderlich sein. Nicht immer ist ein weiterer Kollege/eine weitere Kollegin an Bord des Zuges, der/die unterstützen kann.

7.2.2 Verkehrsmittel Auto

Bei der Nutzung des Autos gibt es verschiedene Möglichkeiten. Teilweise finden sich Kollegen/Kolleginnen zu Fahrgemeinschaften zusammen. Dadurch muss der/die Einzelne nicht täglich selbst fahren, sondern ist Mitfahrer/ Mitfahrerin bei den anderen. Dies schont natürlich die Ressourcen aller. Oftmals entsteht durch Fahrgemeinschaften der Druck, nach Dienstende immer pünktlich am Fahrzeug sein zu müssen, da alle so schnell wie möglich nach getaner Arbeit nach Hause fahren wollen. Dies kann – je nach persönlicher Funktion – schnell zum Stressor werden.

Ein weiterer Stressfaktor bei Fahrgemeinschaften ist der unterschiedliche Fahrstil von Kollegen/Kolleginnen. Der eine fährt eher defensiv, andere fahren eher aggressiv. Der eine fährt gerne spritsparend langsam, der andere holt alles aus seinem Auto heraus. Sehr gegenläufige Fahrphilosophien können ebenfalls schnell zum erheblichen Stressor werden.

Ein besonderer Streitpunkt ist auch immer wieder die Pünktlichkeit am Treffpunkt vor der Fahrt zum Dienst. Es gibt doch immer den einen oder anderen Kollegen/die eine oder andere Kollegin, der/die es mit der Pünktlichkeit nicht so genau nimmt. Das ist dann im Zweifel sehr ärgerlich, vor allem, wenn es mit großer Regelmäßigkeit passiert. Hier kann man sich zweifelsohne gegenseitig disziplinieren, indem die pünktlichen Kollegen/Kolleginnen dann gemeinsam abfahren und der/die zu spät kommende für sich allein fahren muss.

Manchmal wird von der Fahrgemeinschaft gemeinsam ein günstiges Fahrzeug angeschafft, um die privaten Fahrzeuge der einzelnen zu schonen. Dieses Fahrzeug wird dann gemeinsam unterhalten.

Grundsätzlich ist das eine Möglichkeit, solange die Kostenteilung stimmt und das Fahrzeug zuverlässig und sicher ist. Vor allem sollte sich einer als Verantwortlicher finden, der die Abrechnungen und Organisation von Werkstattaufenthalten übernimmt. Ansonsten kann hier sehr schnell ein nachhaltiger Streitpunkt entstehen.

Die Versuchung ist groß, Fahrgemeinschaften bei Reisekostenabrechnungen oder Steuererklärungen nicht wahrheitsgemäß anzugeben. Der berühmte „Kommissar Zufall" führt immer wieder dazu, dass derartiges Verhalten bekannt wird. Dies hat u. U. nicht nur strafrechtliche, sondern auch disziplinarrechtliche Konsequenzen.

> Fahrgemeinschaften bei Reisekostenabrechnungen und in der Steuererklärung unbedingt wahrheitsgemäß angeben!

Für einige Kollegen/Kolleginnen ergibt es sich, dass sie alleine mit dem Auto ihre Fahrten zum Dienst zurücklegen.

Dies kann je nach Entfernung und Benzinpreisen schnell ein teures Unterfangen werden. Vor allem ist die Lebensdauer eines Fahrzeugs meist begrenzt, bevor es unwirtschaftlich wird. Der Faktor Wertverlust ist gleichfalls nicht zu unterschätzen. Bei einer Jahresfahrleistung von 50.000 km ist ein Fahrzeug meistens spätestens nach vier bis fünf Jahren verschlissen. Der Restwert ist bei vielen Automarken dann nur noch niedrig, da solche Gebrauchtfahrzeuge meist in den Export gehen und bei einheimischen Autokäufern nicht gefragt sind. Schon bei der Wahl der Automarke sollte man kritisch sein, da manche Automarken sich als haltbarer und wertstabiler als andere erweisen. Die laufenden Kosten für Versicherung und Steuern sind gleichfalls mit zu kalkulieren. Hier können im Jahr erkleckliche Summen für den Unterhalt zusammenkommen.

Eine Möglichkeit ist auch, sich ein preiswertes Auto mit wenig Luxus zu kaufen. Hierbei ist dann die Frage, ob die enthaltenen Sicherheitsstandards dem heutigen Stand der Technik entsprechen. Da bei entsprechender Fahrleistung die Gefahr eines Unfalls proportional höher ist, sollte hierüber bewusst nachgedacht werden.

Ein weiterer überlegenswerter Punkt ist das persönliche Fahrverhalten. Mit einem defensiven Fahrstil schont man gerade auf Bundes- und Landstraßen bzw. Staatsstraßen seine Nerven deutlich. Meist trifft man Fahrer/Fahrerinnen, die riskant überholt haben, hinter dem nächsten Lkw oder an der nächsten roten Ampel wieder.

Wie kann man die Zeit beim Autofahren für sich nutzen? Eine Variante ist z. B. Hörbücher zu hören oder Sprachen zu lernen. Mit einer Freisprecheinrichtung kann man außerdem während der Fahrt das eine oder andere organisieren und seine privaten Telefonate unterwegs führen. Dabei hat es sich bewährt, keine allzu hohen Geschwindigkeiten zu fahren. Denn Telefonieren lenkt faktisch ab – auch mit Freisprecheinrichtung.

Die Abbildung soll bewusst machen, wie viel wertvolle Zeit die Fahrten im Auto auf dem Weg zur Dienststelle und auf dem Rückweg nach Hause verbrauchen. Die angezeigten 73.264 km wurden in 18 Monaten zurückgelegt. Dafür wurden 924 Stunden und 57 Minuten aufgewendet. Rechnet man diesen Wert in Tage um, so wurden rund 38,5 vollständige Tage à 24 Stunden im Fahrzeug verbracht. Solche Zeitrechnungen sollten bei der Abwägung eines Umzugs an den Dienstort mit in die Betrachtungen einbezogen werden.

7.2.3 Umzug an den Dienstort

Die Entscheidung zum Umzug hängt von unterschiedlichsten Faktoren ab. Hier ist die Verwendungsdauer zu nennen. Für eine von vornherein absehbare kurze Verwendungsdauer an einem Dienstort ist ein Umzug u. U. nicht lohnenswert, es sei denn, dass der neue Wohnort in einem geografischen Raum liegt, von dem aus verschiedene Dienststellen erreichbar sind.

Ein weiterer Faktor ist die Familie. Sofern beide Partner/ Partnerinnen berufstätig sind, ist es oft schwierig, am neuen Wohnort eine vergleichbare Stellung zu erhalten. Gerade bei schulpflichtigen Kindern ist ein Schulwechsel ebenfalls genau abzuwägen.

Möglicherweise ist Wohneigentum vorhanden, dann ist immer die Frage, wo der bisherige Wohnsitz liegt: In Ballungsräumen dürfte es unproblematisch sein, eine Immobilie zu veräußern. Im ländlichen Raum kann dies problematisch werden.

Durch das Pendeln zum Dienstort sind ggf. zwei Fahrzeuge vonnöten. Dies ist ein erheblicher Kostenfaktor, der in die Überlegungen einzubeziehen ist. Durch den Wegfall weiter Arbeitswege steigt auf jeden Fall die Freizeit deutlich und damit auch die Lebensqualität. Es bleibt mehr Zeit für persönliche Hobbies und Familienaktivitäten.

7.2.4 Doppelte Haushaltsführung

Sofern die Entscheidung gegen einen Umzug an den neuen Dienstort gefallen ist, erfolgt – sofern die Dienststelle außerhalb des Tagespendelbereichs liegt – eine doppelte Haushaltsführung. Eine doppelte Haushaltsführung ist mit vielfältigen Belastungen verbunden. Zum einen ist die Zeit mit Kindern, Familie und Freunden am Wohnort auf Wochenende oder schichtfreie Zeiten reduziert. Dies führt regelmäßig dazu, dass sich in der knappen Freizeit viele Bedürfnisse und Verpflichtungen ballen. Es ist oft schwierig, allen Dingen gleichmäßig gerecht zu werden. Fast immer bleibt etwas auf der Strecke. Oder es entsteht daraus ein familiärer Streit, weil ein Partner eine Aktivität wünscht und der andere (reisende) Partner ein Bedürfnis nach Erholung und

Ruhe hat. So wird aus einem harmonisch begonnenen Wochenende schnell Stress.

Ein nicht zu unterschätzender Faktor sind die finanziellen Aufwendungen für einen zweiten Hausstand. In städtischen Bereichen gibt es häufig die Möglichkeit, voll möblierte Appartements zu mieten, in welche man nur seine persönlichen Sachen mitbringen muss. Diese Appartements haben oft den Vorteil, dass sie kürzere Kündigungsfristen haben. Dafür sind die Mietkosten in diesen Bereichen teilweise horrend. Dies kann dazu führen, dass man auch am Dienstort eine längere Anfahrt zur Dienststelle vielfach in Kauf nehmen muss.

In ländlichen Räumen muss man sich meist eine Wohnung selbst einrichten. Selbst bei einer einfachen Wohnungseinrichtung kommen beachtliche Kosten auf einen zu. Die Kündigungsfrist beträgt regelmäßig drei Monate, was jedoch nicht immer mit der dienstlichen Planung kompatibel ist, sodass ggf. für einen selbst Kosten anfallen. Bei der Steuererklärung können zwar Kosten für die doppelte Haushaltsführung geltend gemacht werden; diese sind jedoch meist nicht kostendeckend.

> Es sollte gemeinsam mit der Familie genau abgewogen werden, welche Variante die richtige ist. Ein Umzug an den neuen Dienstort sollte dabei nicht leichtfertig verworfen, sondern auch rechnerisch mit in die Überlegungen einbezogen werden.

7.3 Trennung von Familie/ Freunden/Freundinnen

Es gibt unterschiedliche Konstellationen, die zumindest zu einer zeitweisen Trennung von Familie und/oder Freunden aus beruflichen Gründen führen. Dies können z. B. Auslandsverwendungen, eine doppelte Haushaltsführung auf-

grund der Entfernung zwischen Dienststelle und Lebens-
mittelpunkt oder ein Laufbahnwechsel sein. Eine solche
räumliche Trennung – auch wenn sie nur zeitlich befristet
ist – bringt vielfältige Veränderungen mit sich. Am Anfang
ist die Situation ungewohnt für die Familie. Jeder muss sein
Leben selbst vor Ort neu organisieren und nutzt vorhandene Freundeskreise oder baut sich vor Ort neue auf. Hilf-
reich ist dabei immer ein Hobby. Über gemeinsame Interessen ist es häufig einfach, Gleichgesinnte zu finden und
sich damit Freizeitaktivitäten aufzubauen. Problematisch
sind teilweise die gemeinsam zu verbringenden Zeiten. In
diesen Zeiten ballen sich sehr häufig Termine mit dem alten
Freundeskreis, mit der Familie, aber auch Probleme, die
während der Abwesenheit der einen Person nicht allein zu
lösen waren. Diese Ballung führt häufig zur Entwicklung
von Konflikten, zumal noch der Stress einer langen An-/
Abreise dazu kommt.

Über einen längeren Zeitraum ergibt sich dann eine gewisse Routine für die neue Lebenssituation. Der Alltag
stellt sich ein und jeder Teil der Familie lebt sein eigenes
Leben. Dies kann wiederum zu Trennungssituationen
führen.

Je nach Dauer der Trennungssituation ist es auch nicht
immer einfach, einen Freundeskreis weiter zu pflegen. Wie
bereits angesprochen, ballen sich häufig viele Aktivitäten in
einem kurzen Zeitraum. Je nach Art des Dienstes – Wechselschichtdienst oder Regeldienst – sind die freien Zeiten
dann auch nicht unbedingt mit Aktivitäten von Freunden
und Familie vereinbar.

Ein weiterer kritischer Punkt entwickelt sich, wenn die
getrennte Lebensführung wieder beendet wird, weil
z. B. eine Verwendung oder ein Laufbahnwechsel endet.
Dann muss das bisher getrennt organisierte Leben wieder
zusammengeführt werden, was auch Spannungen mit sich
bringen kann.

7.4   Schichtdienst

Schichtdienst betrifft einen großen Teil des Polizeidienstes.
Von den Beamten/Beamtinnen wird Schichtdienst unterschiedlich empfunden. Einige kommen sehr gut mit ihren
Schichtmodellen klar und loben die Planbarkeit, da die
Schichten oftmals schon über Monate oder sogar das gesamte Jahr vorgeplant sind. Die Schichtmodelle sind vielfältig und von den Personalbedürfnissen einer Dienststelle
abhängig. Es gibt Schichtmodelle, die mit festen Gruppen/
Dienstgruppen arbeiten und flexible Modelle, in die sich
die Beamten/Beamtinnen nach bestimmten Vorgaben, wie
z. B. einer Mindeststärke, eintragen können. Heute wird
von der dienstlichen Leitung vermehrt Wert darauf gelegt,
dass die Schichtmodelle arbeitsmedizinischen Vorgaben ge-
nügen und ausreichende Ruhezeiten beinhalten, wobei die
An- und Abfahrtzeiten zum Dienst nicht berücksichtigt
werden. Je nach Entfernung und Verkehrsverhältnissen
zwischen Wohn- und Dienstort können diese Zeiten erheblich sind.

7.5   Längerfristige Erkrankung

Der Beruf des Polizeibeamten/der Polizeibeamtin erfordert
besondere körperliche Anforderungen, die in der Polizeidienstvorschrift 300 bundesweit festgeschrieben sind. Erfüllt ein Polizeibeamter/eine Polizeibeamtin diese Voraussetzungen, ist er/sie polizeidienstfähig. Ein Unfall oder
auch eine Erkrankung kann dazu führen, dass diese besonderen gesundheitlichen Voraussetzungen nicht mehr erfüllt
werden. Dann wird durch den Dienstvorgesetzten/die
Dienstvorgesetzte eine sozialmedizinische Untersuchung
beantragt. Der/Die Erkrankte hat im Übrigen nicht die

Wahl, sich sozialmedizinisch untersuchen zu lassen. Er/sie ist beamtenrechtlich dazu verpflichtet, diese Untersuchung zu dulden und erforderlichenfalls auch aktiv mitzuwirken. Der sozialmedizinische Dienst befindet dann aus ärztlicher Sicht gutachterlich darüber, ob ein Polizeibeamter/eine Polizeibeamtin noch polizeidienstfähig ist oder ob z. B. Verwendungseinschränkungen vorliegen. Der/die Dienstvorgesetzte entscheidet dann anhand dieses ärztlichen Gutachtens des Sozialmediziners, ob der Beamte/die Beamtin dann noch polizeidienstfähig ist.

Wenn die Polizeidienstfähigkeit nicht mehr vorhanden ist, kann der Polizeibeamte/die Polizeibeamtin trotzdem noch dienstfähig sein. Das bedeutet, dass der Beamte/die Beamtin nicht mehr die besonderen gesundheitlichen Anforderungen des Polizeidienstes erfüllt, aber noch eine gesundheitliche Restdienstfähigkeit besitzt. Derzeit ist die Richtlinie, dass das Abschöpfen der Restdienstfähigkeit vor einer Zurruhesetzung geht. Das wiederum bedeutet, dass der Sozialmediziner die vorhandenen Einschränkungen beschreiben muss, damit der/die Dienstvorgesetzte einen leidensgerechten Arbeitsplatz für den Mitarbeiter/die Mitarbeiterin ausmachen kann. Dies muss nicht zwingend in der eigenen Dienststelle sein. Je nach Einzelfall kann damit auch ein Wechsel in der Verwaltungslaufbahn verbunden sein.

7.6   Schwerbehinderung

Eine Schwerbehinderung ist grundsätzlich kein Ausschließungsgrund vom Beruf des Polizeibeamten/der Polizeibeamtin. Zumindest nicht, wenn diese Schwerbehinderung im Laufe des Berufslebens eintritt. Schwerbehinderte Menschen genießen einen besonderen Schutz, den sie über die Vertrauensperson der schwerbehinderten Menschen in einer Dienststelle geltend machen können und auch sollten. Die Vertrauensperson der schwerbehinderten Menschen unterstützt z. B. dabei, einen Arbeitsplatz handicapgerecht einzurichten.

Bei Beurteilungen ist im Beurteilungsbogen vorgegeben, die Schwerbehinderteneigenschaft zu markieren. Hier sollte der Mitarbeiter/die Mitarbeiterin im eigenen Interesse mitwirken. Im Rahmen der vertrauensvollen Zusammenarbeit mit einem Vorgesetzten sollte auch über diesen Punkt gesprochen werden. Letztlich kann ein Vorgesetzter seinen Mitarbeiter/seine Mitarbeiterin dabei unterstützen, den Arbeitsplatz und die Arbeitszeiten handicapgerecht zu gestalten und damit Ausfallzeiten minimieren.

Die Vertrauenspersonen der schwerbehinderten Menschen kennen im Regelfall auch Fördermöglichkeiten, z. B. für bauliche Umgestaltungen, die dann über die Dienststelle bei den zuständigen Stellen beantragt werden können.

7.7 Nebentätigkeiten

Für Polizeibeamte/Polizeibeamtinnen gibt es auch die Möglichkeit, Nebentätigkeiten wahrzunehmen. Dabei wird vom Gesetzgeber zwischen genehmigungspflichtigen und anzeigepflichtigen Nebentätigkeiten unterschieden. Nebentätigkeiten sind sowohl in den jeweiligen Beamtengesetzen als auch in Nebentätigkeitsverordnungen gesetzlich normiert. Es wird unterschieden zwischen Nebentätigkeiten innerhalb und außerhalb des öffentlichen Dienstes.

Bei genehmigungspflichtigen Nebentätigkeiten außerhalb des öffentlichen Dienstes gibt es sowohl in Bezug auf den Zeitaufwand als auch in Bezug auf das zusätzlich verdiente Einkommen Beschränkungen. So darf die Nebentätigkeit i. d. R. maximal ein Fünftel der wöchentlichen Arbeitszeit betragen. Diese Zeit ist wochenweise zu berechnen;

sie darf nicht angespart werden, um dann in einem Block der Nebentätigkeit nachzugehen. Übersteigt das Einkommen aus der oder den Nebentätigkeiten 40 % des jährlichen Endgrundgehalts so wird davon ausgegangen, dass diese Tätigkeit dem Haupterwerb dient. Eine Nebentätigkeit ist nicht genehmigungsfähig, wenn die bloße Gefahr besteht, dass durch die Tätigkeit dienstliche Interessen beeinträchtigt werden. Die vorstehenden Angaben beziehen sich auf die Regelungen auf Bundesebene. Sie können in Bundesländern abweichend sein.

> Eine genehmigungspflichtige Nebentätigkeit muss vor der Aufnahme derselben genehmigt werden! Sollte die Genehmigung vor der Aufnahme derselben nicht vorliegen, kann dies zu unangenehmen (stressigen) Folgen führen.

7.8 Personalführung

Personalführung ist eine Aufgabe mit viel Verantwortung. Sie kann bereits im Kleinen als Streifenführer/Streifenführerin oder Truppführer/Truppenführerin beginnen und endet bei Positionen in Behördenleitungen an der Schnittstelle zur Politik, wobei nicht jeder Behördenleiter/jede Behördenleiterin ein Polizeivollzugsbeamter/eine Polizeivollzugsbeamtin ist. Diese Funktionen werden gleichberechtigt von Verwaltungsbeamten/Verwaltungsbeamtinnen wahrgenommen, die oftmals als Juristen/Juristinnen in den öffentlichen Dienst gelangt sind.

Personalführung ist eine interessante Aufgabe für diejenigen, die gerne mit anderen Menschen zu tun haben.

> Wer keine Menschen mag, der sollte keine Führungskraft werden.

Führung bedeutet, auf andere Menschen i. S. d. Organisation einzuwirken. In der Polizei hat sich schon seit langem das kooperative Führungssystem etabliert, welches noch heute Gültigkeit hat. Dazu ergänzend gibt es auch noch Leitbilder, die spezifisch in den einzelnen Polizeiorganisationen erarbeitet und eingeführt wurden. Personalführung hat neben dem bereits erwähnten Führungshandwerkszeug auch noch viel mit Verwaltungsarbeit und Formalismen zu tun. Im Regelfall ist es so, dass die meisten Mitarbeiter/ Mitarbeiterinnen problemlos ihren Aufgaben nachgehen und ihre dienstliche Tätigkeit zur Zufriedenheit ausüben. Sie bedürfen eines geringen Zeitaufwandes, um ein Feedback ihres Vorgesetzten zu erhalten. Auf jeder Führungsebene gibt es einige wenige Mitarbeiter/Mitarbeiterinnen, die viel Zeit und Kraft ihrer Vorgesetzten beanspruchen.

Bei der Übernahme einer neuen Führungsposition ist es üblich, dass der Vorgänger/die Vorgängerin „dem/der Neuen" eine Beschreibung einzelner Mitarbeiter/Mitarbeiterinnen mitteilt. Die Dienst- und Lebenserfahrung zeigt, dass die Einschätzung unterschiedlicher Führungspersonen nicht immer deckungsgleich sein muss. So können Mitarbeiter/Mitarbeiterinnen, die vom Vorgänger/der Vorgängerin als besonders leistungsstark geschildert werden, von dem/der neuen Vorgesetzten als eher leistungsschwach eingeschätzt werden und umgekehrt. Um die Mitarbeiter/Mitarbeiterinnen treffsicher selbst einschätzen zu können, bedarf es einiger Zeit.

> Mache dir stets ein eigenes Bild von den Menschen!

Nach der Übernahme einer neuen Organisationseinheit benötigt die fachliche Einarbeitung im Regelfall schon einige Zeit und erfordert viele persönliche Ressourcen. Damit bleibt meist am Beginn dieser Einarbeitung weniger Zeit, sich mit dem Personal zu beschäftigen. Je länger eine Führungsperson in ihrer Funktion bleibt, desto mehr Zeit bleibt später, um mit den Menschen zu arbeiten und auf die inhaltliche Gestaltung der Tätigkeit Einfluss zu nehmen. Sinnvoll ist, in einer Verwendung so viel Zeit zu verbringen, dass die Auswirkungen eigener Entscheidungen später auch erlebt werden. Daher ist es für eine Organisationseinheit meistens kontraproduktiv, wenn es in zu schneller Folge Führungswechsel gibt, da jede Führungskraft mit ihrem Führungshandeln andere Ziele verfolgt.

Zur persönlichen Weiterentwicklung ist es sinnvoll, in einer Organisationseinheit eine Verwendungsdauer von drei bis fünf Jahren anzustreben.

8

Unzufriedenheit mit Entscheidungen der Justiz

Wertet man das Strafgesetzbuch und andere relevante Straf-
vorschriften im Hinblick auf den Strafrahmen des Gesetzes
aus, so ist festzustellen, dass dieser Strafrahmen meistens
großzügig gefasst ist. Das bedeutet, dass das zuständige Gericht bei seiner Strafzumessung einen großen Spielraum
hat. Finden Gerichtsverfahren öffentlichkeitswirksam statt,
so entsteht beim unbedarften Leser der Eindruck, dass dieser Strafrahmen in den seltensten Fällen ausgeschöpft wird.
Gefühlt ist es eher so, dass die meisten Strafverfahren, die
von der Staatsanwaltschaft eingeleitet werden, mit einer
Verfahrenseinstellung erledigt werden. Wie in allen Bereichen des öffentlichen Lebens werden auch für den Bereich
der Justiz umfangreiche Statistiken erhoben, welche u. a.
beim Statistischen Bundesamt (Destatis) einsehbar sind.
Anhand dieser belegten Feststellung soll nunmehr das oben
beschriebene Gefühl überprüft werden.

© Springer Fachmedien Wiesbaden GmbH, ein Teil von Springer
Nature 2020
N. Bernstein, *Der Anti-Stress-Trainer für Polizisten*, Anti-Stress-Trainer,
https://doi.org/10.1007/978-3-658-12475-5_8

Nach Pressemitteilungen des Statistischen Bundesamtes aus dem Jahr 2018 [1, 2] (aktuellere Zahlen sind derzeit noch nicht veröffentlicht) wurden im Jahr 2017 von den deutschen Staatsanwaltschaften rund 4,9 Millionen Ermittlungsverfahren abgeschlossen. Im Jahr 2016 waren es noch 5,2 Millionen Ermittlungsverfahren. Dieser Rückgang von Ermittlungsverfahren ist damit zu erklären, dass die Anzahl der aufenthaltsbezogenen Straftaten gesunken ist. Die Fallzahlen waren in Zusammenhang mit der Migrationslage 2015 angestiegen. 33,8 % aller 2017 erledigten Verfahren waren Eigentums- und Vermögensdelikte. Straßenverkehrsdelikte machten 17,8 % aus, Straftaten gegen das Leben und die körperliche Unversehrtheit 9,4 % und aufenthaltsbezogene Delikte 4,3 %. Wie bereits angesprochen, gab es bei den aufenthaltsbezogenen Delikten im Vergleich zum Jahr 2016 einen deutlichen Rückgang: damals waren es noch 8,5 % der erledigten Strafverfahren.

Bei Betrachtung der Erledigungsarten von Strafverfahren wurde 2017 folgende Bilanz gezogen:

- Einstellungen mit Auflage 3,5 %
- Einstellungen ohne Auflage 26 %
- Einstellung mangels Tatverdacht 27,5 %
- Einstellungen wegen Schuldunfähigkeit 0,2 %
- Erhebung der Anklage bzw. Strafbefehlsantrag 20,2 %
- Erledigung auf andere Art (z. B. Abgabe an andere StA) 22,6 %

Im Ergebnis bedeutet dies, dass die Einstellung des Verfahrens 57,2 % der Fälle die Erledigungsart war. Somit hat sich das oben beschriebene Gefühl bestätigt, dass die Mehrheit der Ermittlungsverfahren eingestellt wird.

Nunmehr bleiben noch die gerichtlichen Entscheidungen zu betrachten. Im Jahr 2017 wurden rund 716.000 Personen rechtskräftig von deutschen Gerichten verurteilt. Bei rund 159.200 Personen endete das Gerichtsverfahren mit einer anderen gerichtlichen Entscheidung. Darunter waren 133.700 Verfahrenseinstellungen durch das Gericht. 552.000 Personen wurden zu einer Geldstrafe verurteilt. 104.400 Personen erhielten eine Freiheitsstrafe nach allgemeinem Strafrecht oder einen Strafarrest.

Bei 59.700 Personen wurde das Jugendstrafrecht angewendet. In Deutschland beginnt die Strafmündigkeit mit 14 Jahren. Im Alter von 18 bis 21 Jahren sind die Personen heranwachsend. Hier obliegt es dem Gericht zu entscheiden, ob die Angeklagten nach dem Jugendstrafrecht oder dem Erwachsenenstrafrecht behandelt werden. Davon erhielten 9700 Personen eine Jugendstrafe, 42.500 Personen wurden mit einem Zuchtmittel bestraft und gegen 7500 Personen wurden Erziehungsmaßregeln nach dem Jugendgerichtsgesetz verhängt. Bei Strafverfahren nach dem Jugendgerichtsgesetz geht es im Ergebnis darum, die Sanktionierten zu „erziehen", d. h. sie wieder auf den richtigen Weg zurückzubringen. Hier geht es mehr um den präventiven Gedanken, weiteren Straftaten entgegenzuwirken. Beim Erwachsenenstrafrecht steht der Sühnegedanke des Staates im Vordergrund.

Hier noch ein Auszug aus der Statistik der rechtskräftigen Verurteilungen nach ausgewählten Deliktsfeldern:

- Straftaten im Straßenverkehr: 159.000
- Betrug und Untreue: 144.800
- Diebstahl und Unterschlagung: 123.200
- Verstöße nach dem Betäubungsmittelgesetz: 60.100

Alle Polizeien in Deutschland erfahren derzeit einen nicht unerheblichen Personalaufwuchs an Polizeivollzugsbeamten/-beamtinnen. Den größten Zuwachs erhält die Bundespolizei mit ihrer sonderpolizeilichen Zuständigkeit. Bei Staatsanwaltschaften und Gerichten gibt es ebenfalls einen personellen Aufwuchs, doch der ist mit den prozentualen Zahlen der Polizei nicht annähernd vergleichbar. Somit wird es weiterhin bei vielen Staatsanwaltschaften und Gerichten einen Personalmangel geben, welcher sich u. a. auf die Verfahrensdauer auswirkt.

Literatur

1. Statistisches Bundesamt (Destatis) Pressemitteilung Nr. 369 vom 27. September 2018
2. Statistisches Bundesamt (Destatis) Pressemitteilung Nr. 463 vom 28. November 2018

9

Umgang mit vermehrter Gewalt gegen Polizisten/Polizistinnen

Gewalt gegen Polizisten/Polizistinnen [1] wird in einem Bundeslagebild des Bundeskriminalamtes statistisch ausgewertet. Die Datenbasis hierfür ist die Polizeiliche Kriminalstatistik (PKS, [1]). Wie jede Statistik hat auch die PKS gewisse zu berücksichtigende Faktoren in ihrer Auswertung, die im Vorspann der PKS erläutert werden. Die PKS wird veröffentlicht und ist für jedermann frei zugänglich. Es gibt sowohl eine Auswertung auf der Bundesebene, deren Veröffentlichung dann durch das BKA erfolgt, als auch eine länderspezifische Auswertung. Die PKS wird regelmäßig durch die Innenminister veröffentlicht. Die PKS ist eine sogenannte Ausgangsstatistik. Das bedeutet, dass darin die Fälle erfasst werden, die bei der Polizei abschließend bearbeitet sind und an die Staatsanwaltschaft abgegeben werden. Die Erfassung erfolgt nach dem Tatortprinzip, d. h., die Fälle der Bundespolizei und des Zolls werden den jeweiligen Bundesländern des Tatortes zugeordnet und nicht separat ausgewiesen.

© Springer Fachmedien Wiesbaden GmbH, ein Teil von Springer Nature 2020
N. Bernstein, *Der Anti-Stress-Trainer für Polizisten*, Anti-Stress-Trainer,
https://doi.org/10.1007/978-3-658-12475-5_9

Im Jahr 2017 hat es wesentliche Änderungen im Strafgesetzbuch gegeben, mit welchen der Schutz von Beamten/Beamtinnen Vollstreckungsbeamten/-beamtinnen und Rettungskräften gestärkt werden sollte. Diese Änderungen führen dazu, dass die Datenbasis des Lagebildes 2018 nicht mehr in allen Punkten mit den Lagebildern der Vorjahre vergleichbar/uneingeschränkt vergleichbar ist.

„Besonderheit „Widerstand gegen und tätlicher Angriff auf die Staatsgewalt". Mit dem „52. Gesetz zur Änderung des Strafgesetzbuches – Stärkung des Schutzes von Vollstreckungsbeamten und Rettungskräften" vom 23.05.2017 wurden bisherige Straftatbestände geändert und neue Straftatbestände geschaffen. Der Gesetzgeber hat den tätlichen Angriff aus § 113 StGB herausgelöst und den neuen Straftatbestand des tätlichen Angriffs auf Vollstreckungsbeamte (§ 114 StGB) geschaffen. Dieser Tatbestand verzichtet bei tätlichen Angriffen auf den Bezug zur Vollstreckungshandlung. Damit werden künftig tätliche Angriffe auf Vollstreckungsbeamte auch schon bei der Vornahme allgemeiner Diensthandlungen, wie dies z. B. Streifenfahren, Befragungen oder Unfallaufnahmen darstellen, unter Strafe gestellt. Der Strafrahmen wurde hinsichtlich des Grundtatbestandes (§ 114 Abs. 1 StGB) gegenüber § 113 Abs. 1 StGB verschärft (Freiheitsstrafe von drei Monaten bis zu fünf Jahren). Damit ist die Strafandrohung höher als die der Körperverletzung gemäß § 223 Abs. 1 StGB (Freiheitsstrafe bis zu fünf Jahren oder Geldstrafe). Tätlicher Angriff im Sinne des § 114 StGB ist jede in feindseliger Absicht unmittelbar auf den Körper des anderen zielende Einwirkung ohne Rücksicht auf ihren Erfolg (z. B. Flaschenwurf, der den Polizisten verfehlt, oder die Abgabe von Schreckschüssen). Zu einer körperlichen Verletzung muss es nicht kommen. Die Tathandlung muss nicht auf die Verhinderung oder Erschwerung der Diensthandlung abzielen. Ausreichend ist, wenn aus allgemeiner Feindseligkeit gegen den Staat oder aus persönlichen Motiven gegen den Amtsträger oder aus anderen Beweggründen gehandelt wird. Gemäß § 115 Abs. 2 StGB gelten die §§ 113, 114 StGB entsprechend." (Seite 7/8 des Bundeslagebildes Gewalt gegen PVB [1])

Im Jahr 2018 wurden bundesweit 21.556 Fälle von Widerstand gegen Vollstreckungsbeamte und gleichstehende Personen erfasst. Es gab 11.704 Fälle des tätlichen Angriffs und 1950 Fälle des Landfriedensbruchs.

Zu den Opfern bei Gewalttaten gegen Polizeivollzugsbeamte/-beamtinnen lässt sich feststellen, dass diese statistisch gesehen mehrheitlich männlich (81,4 %) und zwischen 25 und 35 Jahre (46,3 %) alt sind.

Zu den Tatverdächtigen bei Gewalttaten gegen Polizeivollzugsbeamte/-beamtinnen lässt sich feststellen, dass diese statistisch gesehen mehrheitlich in Städten über 500.000 Einwohner auffällig sind. Sie sind mehrheitlich männlich (85,9 %), deutsch (68,9 %) und über 25 Jahre alt (66,3 %). Die Tatverdächtigen handeln meistens alleine (92,4 %) und mehr als die Hälfte (55,3 %) stehen unter Alkoholeinfluss. 73,4 % der Tatverdächtigen waren polizeilich bereits in Erscheinung getreten. Die Gewaltausübung gegen Polizeivollzugsbeamte/-beamtinnen findet meist im Rahmen dynamischer Interaktionsprozesse und/oder im Affekt statt.

Gewalt gegen Einsatzkräfte ist ein gesamtgesellschaftliches Problem, und mittlerweile sind in den Medien nahezu täglich Berichte darüber zu lesen, dass in unterschiedlicher Form Gewalt gegen Einsatzkräfte ausgeübt wird. Folglich muss es ein gesamtgesellschaftliches Bemühen sein, für mehr Respekt gegenüber Einsatzkräften zu werben.

Für die Polizeivollzugsbeamten/-beamtinnen gilt, dass sie bestmöglich ausgebildet und ausgerüstet werden sollten. In Situationstrainings sollten immer wieder mit unterschiedlichen Schwierigkeits- und Eskalationsgraden dynamische Interaktionsprozesse geübt werden. Die Beamten/ Beamtinnen müssen rechtssicher, persönlich kompetent und vor allem verhältnismäßig derartige Lagen lösen. Daher ist der polizeilichen Eigensicherung stets – auch bei sogenannten Routineeinsätzen – eine besondere Bedeutung beizumessen. Vor allem sollten die vorhandenen Führungs- und Einsatzmittel sinnvoll genutzt werden. Sie dienen auch dem Selbstschutz!

> Polizisten/Polizistinnen sollten sich so viele Informationen wie möglich über die zu erwartende Lage und die dort handelnden Personen einholen. Das o. a. Raster kann hilfreich bei der Gefahrenprognose sein. Auch bei Routineeinsätzen sollte immer mit einer Eskalation gerechnet und niemals die Eigensicherung vernachlässigt werden. Routine kann schmerzlich oder im schlimmsten Fall sogar tödlich sein!

9.1 Nutzung von Führungs- und Einsatzmitteln

Es gibt unterschiedliche Führungs- und Einsatzmittel, die auch von der jeweiligen dienstlichen Verwendung abhängen: ein Teil ist jedem Beamten/jeder Beamtin persönlich zugewiesen, andere sind eine Poolausstattung und weitere sollten gerade für die Beamten/Beamtinnen im täglichen Streifendienst zur unbedingten Streifenausstattung gehören. Es ist nicht damit getan, die Führungs- und Einsatzmittel zu empfangen. Jeder Polizist/jede Polizistin ist dafür selbst verantwortlich, mit diesen Mitteln auch sicher umgehen zu können. Zu dem sicheren Umgang gehört ebenfalls die angemessene und sachgerechte Pflege dieser Gegenstände.

In den vergangenen Jahren wurde die Ausstattung mit Führungs- und Einsatzmitteln deutlich modernisiert. Dies hängt auch mit der technischen Weiterentwicklung unterschiedlicher Materialien zusammen. Die Lageentwicklung in der jüngeren Vergangenheit verbunden mit der latenten

Gefahr terroristischer Anschläge, aber auch die zunehmende Gewaltbereitschaft des polizeilichen Gegenübers hat ihren Teil dazu beigetragen, die Ausstattung mit Führungs- und Einsatzmitteln zu modifizieren. Etliche Polizeien haben seit einigen Jahren neue Pistolen angeschafft. Diese bieten die Möglichkeit der Anpassung an den jeweiligen Schützen.

Die meisten Polizisten/Polizistinnen verfügen heute über eine ballistische Schutzweste. Diese Schutzweste kann jedoch nur schützen, wenn sie auch getragen wird. Daher sollte es vor allem im täglichen Streifendienst heute Routine sein, die Schutzweste zu tragen. Die üblichen Schutzwesten des Streifendienstes stellen einen Kompromiss zwischen Schutzmöglichkeiten und Tragekomfort über viele Stunden dar. Die Träger/Trägerinnen sollten sich darüber im Klaren sein, wogegen ihre Schutzweste schützt. Eine reine ballistische Schutzweste schützt regelmäßig nicht vor Messerangriffen. Hierfür sind Zusatzelemente notwendig. Die Schutzwesten des täglichen Dienstes schützen im Wesentlichen die elementar lebenswichtigen Bereiche des Körpers. Denn je mehr Schutz benötigt wird, desto schwerer und unkomfortabler werden Schutzwesten. Spezialeinheiten haben eine andere Ausstattung mit Schutzwesten, die speziell auf ihre Bedürfnisse zugeschnitten ist. Diese Ausstattung bietet mehr ballistischen Schutz, ist dafür aber auch wesentlich schwerer.

In den Bereitschaftspolizeien gibt es eine Schutzausstattung, die an die Einsatzbedürfnisse angepasst ist. Für die Begleitung gewalttätiger Fußballfans oder den Schutz von Demonstrationen steht eine leichte Körperschutzausstattung zur Verfügung. Diese soll die Beamten/Beamtinnen vor Einwirkungen durch Schläge, Tritte, Stein- oder Flaschenwürfe schützen. Im Vergleich zur Schutzausstattung von vor rund dreißig Jahren wurde diese erheblich weiterentwickelt. Früher gab es zusätzlich zum Einsatzhelm Knieschützer und Schienbeinschützer, wie sie von Ballsportarten bekannt sind. Heute ist der Körper nahezu komplett geschützt. Allerdings hat dieser Schutz auch wieder seinen Preis im Gewicht.

Die Aufzählung von Führungs- und Einsatzmitteln ließe sich fast beliebig fortsetzen. Diese sind auf den Webpages der Polizeien oder in den Tätigkeitsberichten besser anzusehen.

> Führungs- und Einsatzmittel sind die persönliche Schutzausstattung der Polizisten/Polizistinnen. Wichtig ist, mit den einzelnen Elementen, ihren Schutz- und Einsatzmöglichkeiten vertraut zu sein. Vor allem liegt es in der Selbstverantwortung, diese Führungs- und Einsatzmittel richtig zu pflegen und korrekt zu tragen.

Um Führungs- und Einsatzmittel optimal nutzen zu können, sollten die Polizisten/Polizistinnen damit vertraut sein. Daher ist es erforderlich, an entsprechenden dienstlichen Trainings teilzunehmen. Dadurch entsteht Handlungssicherheit. Einige Trainings, wie z. B. das Schießtraining, sind ohnehin obligatorisch. Die Nichterfüllung der vorgegebenen Schießleistungen kann z. B. die Konsequenz haben, dass der/die Vorgesetzte die Trageerlaubnis der Dienstwaffe entzieht.

9.2   Zusammenarbeit mit Kollegen/Kolleginnen

Die Zusammenarbeit mit Kollegen/Kolleginnen ist unverzichtbar. Zu einer jeden Streifenfahrt gehört, dass sich die Beamten/Beamtinnen vorher bzgl. ihres Vorgehens verständigen und Absprachen treffen. Nur in eine Einsatzsituation hineinzustolpern ohne sich mit den bekannten Fakten auseinandergesetzt zu haben, ist fataler Leichtsinn. Der Polizeiberuf hat sehr viel mit Teamarbeit zu tun. Daher ist es elementar, die Stärken und Schwächen des/der Teampartner zu kennen. So kann sich ein Team gegenseitig ergänzen und unterstützen. Dies ist auch die Kunst einer guten Führungskraft, die Stärken und Schwächen der Mitarbeiter/Mitarbeiterinnen zu kennen und diese möglichst nach diesen einzusetzen.

Literatur

1. Bundeskriminalamt: Bundeslagebild 2018 – Gewalt gegen Polizeivollzugsbeamtinnen und Polizeivollzugsbeamte

10

Auslandsverwendungen

In der Polizei gibt es unterschiedliche Möglichkeiten für Auslandsverwendungen. Hier sind zum einen die Auslandseinsätze zu verstehen, die von Beamten/Beamtinnen aus Bund und Ländern für verschiedene Bedarfsträger, wie z. B. die UN oder die EU, wahrgenommen werden. Zum anderen gehören auch Verwendungen als grenzpolizeiliche Verbindungsbeamte (GVB), grenzpolizeiliche Unterstützungsbeamte Ausland (GUA), Dokumenten- und Visumsberater (DVB) sowie die Tätigkeit als Sicherheitsbeamte an deutschen Botschaften im Ausland dazu. Diese letzteren Verwendungen sind spezifisch für Angehörige der Bundespolizei. Im Jahr 2018 waren 2270 [1] Bundespolizisten im Ausland eingesetzt [1]. Für Polizeibeamten/Polizeibeamtinnen ist die Teilnahme an Auslandseinsätzen nach dem derzeitigen Stand freiwillig. Dies ist ein deutlicher Unterschied zum Soldatenberuf.

Neben der Steigerung des persönlichen Erfahrungsschatzes und der Steigerung der interkulturellen Kompetenz

© Springer Fachmedien Wiesbaden GmbH, ein Teil von Springer
Nature 2020
N. Bernstein, *Der Anti-Stress-Trainer für Polizisten*, Anti-Stress-Trainer,
https://doi.org/10.1007/978-3-658-12475-5_10

können Auslandsverwendungen auch ein Karrierebaustein sein. Dies ist in den jeweiligen Personalentwicklungskonzepten der Polizeien geregelt. Für die Beamten/Beamtinnen sind Verwendungen im Ausland eine besondere Erweiterung ihres Erfahrungsschatzes. Wobei das Gefährdungspotenzial abhängig vom jeweiligen Land der Verwendung und von den speziellen Aufgaben ist.

Die Beamten/Beamtinnen können im Ausland oft sehr selbstständig arbeiten und tragen eine hohe Verantwortung. Nach Rückkehr in die heimatliche Dienststelle führt dies bei einer nennenswerten Anzahl von Beamten/Beamtinnen zu einer Frustration, weil sie diese Wertschätzung und Selbstständigkeit zu Hause nicht mehr erfahren. Ein zusätzlicher Frustrationsfaktor ist, dass durch die Vorgesetzten im Ausland oft weit überdurchschnittliche Beurteilungsbeiträge ausgestellt werden. In der heimatlichen Dienststelle werden diese zwar grundsätzlich in der Beurteilung berücksichtigt. Allerdings obliegt es dem Erstbeurteiler/der Erstbeurteilerin, diesen Beurteilungsbeitrag zu gewichten. Im Ergebnis der Beurteilung führt dies nicht selten dazu, dass die Beamten/Beamtinnen aufgrund ihrer dienstlichen Abwesenheit in der Beurteilungsrangfolge eher schlechter dastehen.

> Der persönliche Erkenntnisgewinn und die persönliche Weiterentwicklung sollten den Beamten/Beamtinnen wichtiger sein als die dienstliche Beurteilung. Wenn diese nicht die erwartete Endnote enthält, sollte dies keinesfalls zu einer Frustration führen.

Für Polizeibeamte/Polizeibeamtinnen aus Bund und Ländern gibt es die Möglichkeit, sich an polizeilichen Auslandseinsätzen zu beteiligen. Für die Bundespolizei ist dies gesetzlich in den §§ 8 und 65 des Bundespolizeigesetzes [2] geregelt:

§ 8 Verwendung im Ausland

(1) Die Bundespolizei kann zur Mitwirkung an polizeilichen oder anderen nichtmilitärischen Aufgaben im Rahmen von internationalen Maßnahmen auf Ersuchen und unter Verantwortung

1. der Vereinten Nationen

2. einer regionalen Abmachung oder Einrichtung gemäß Kapitel VIII der Charta der Vereinten Nationen, der die Bundesrepublik Deutschland angehört,

3. der Europäischen Union oder

4. der Westeuropäischen Union

im Ausland verwendet werden. Die Verwendung der Bundespolizei darf nicht gegen den Willen des Staates erfolgen, auf dessen Hoheitsgebiet die Maßnahme stattfinden soll. Die Entscheidung über die Verwendung nach Satz 1 trifft die Bundesregierung. Der Deutsche Bundestag ist über die beabsichtigte Verwendung zu unterrichten. Er kann durch Beschluss verlangen, dass die Verwendung beendet wird.

(2) Die Bundespolizei kann ferner im Einzelfall zur Rettung von Personen aus einer gegenwärtigen Gefahr für Leib oder Leben im Ausland verwendet werden. Die Verwendung ist nur für humanitäre Zwecke oder zur Wahrnehmung dringender Interessen der Bundesrepublik Deutschland und im Einvernehmen mit dem Staat, auf dessen Hoheitsgebiet die Maßnahme stattfinden soll, zulässig. Die Entscheidung trifft der Bundesminister des Innern im Einvernehmen mit dem Auswärtigen Amt.

(3) Die Wahrnehmung der in den Absätzen 1 und 2 bezeichneten Aufgaben durch die Bundespolizei richtet

sich nach den dafür geltenden völkerrechtlichen Vereinbarungen oder den auf Grund solcher Vereinbarungen getroffenen Regelungen.

Im Vergleich zu Auslandseinsätzen der Bundeswehr gibt es einen deutlichen Unterschied: Die Bundeswehr ist eine sogenannte Parlamentsarmee, d. h. Auslandseinsätze der Bundeswehr stehen unter dem Vorbehalt der Zustimmung des Deutschen Bundestages [3]. Dies ist gesetzlich im Parlamentsbeteiligungsgesetz normiert.

Für Auslandseinsätze der Polizei ist keine Zustimmung des Parlamentes erforderlich. Je nach Rechtsgrundlage des Einsatzes ist teilweise eine Unterrichtung des Deutschen Bundestages vorgesehen. Bei bestimmten Einsätzen kann der Bundestag durch einen Beschluss verlangen, dass die Verwendung der Bundespolizei im Ausland beendet wird.

Im Deutschen Bundestag gibt es regelmäßig Kleine Anfragen, mit denen Informationen zu den Polizei- und Zolleinsätzen im Ausland erfragt werden. Die Antworten auf diese kleinen Anfragen [4] geben einen guten Überblick darüber, in welchen Ländern und Funktionen Polizeibeamte/Polizeibeamtinnen im Ausland eingesetzt sind.

Literatur

1. Jahresbericht der Bundespolizei 2018 https://www.bundespolizei.de/Web/DE/Service/Mediathek/Jahresberichte/jahresbericht_2018_file.pdf?__blob=publicationFile&v=5. Zugegriffen am 04.03.2020
2. Gesetz über die Bundespolizei, Bundesgesetzblatt Jahrgang 1994 Teil I Nr. 72, ausgegeben am 25.10.1994, Seite 2978
3. Gesetz über die parlamentarische Beteiligung bei der Entscheidung über den Einsatz bewaffneter Streitkräfte im Ausland (Parlamentsbeteiligungsgesetz), Bundesgesetzblatt Jahrgang 2005 Teil I Nr. 17, ausgegeben am 23. März 2005, Seite 775
4. Deutscher Bundestag, 19. Wahlperiode, Drucksache 19/12554 vom 21.08.2019

11

Lebensbedrohliche Einsatzlagen (LebEL)

In den letzten Jahren hat es sowohl in Deutschland als auch im europäischen Ausland immer wieder lebensbedrohliche Einsatzlagen unterschiedlicher Qualitäten und modi operandi gegeben. Eine Serie von Taten in Europa begann mit dem Terroranschlag auf die Redaktion des Satiremagazins Charlie Hebdo am 7. Januar 2015 in Paris. In Deutschland fand der bisher schwerwiegendste Anschlag mit terroristischem Hintergrund am 19. Dezember 2016 in Berlin auf dem Breitscheidplatz statt. Hier raste ein Lkw in den Weihnachtsmarkt, tötete 12 Menschen und verletzte 67 Personen.

Bei diesen Terroranschlägen werden nicht nur militärische Waffen verwendet, teilweise werden auch Gegenstände des täglichen Gebrauchs, wie Kraftfahrzeuge und/oder Messer eingesetzt, um Menschen zu schädigen sowie Angst und Schrecken zu verbreiten.

Die abstrakte Gefährdungslage in Europa, aber auch in Deutschland, bleibt unverändert hoch. So ist nicht einzuschätzen, wann und wo sowie mit welchen Tatmitteln ein

© Springer Fachmedien Wiesbaden GmbH, ein Teil von Springer Nature 2020
N. Bernstein, *Der Anti-Stress-Trainer für Polizisten*, Anti-Stress-Trainer, https://doi.org/10.1007/978-3-658-12475-5_11

Anschlag stattfinden wird. Glücklicherweise gelingt es Sicherheitskräften immer wieder, geplante Anschläge zu vereiteln und die Täter/Täterinnen vor der Vollendung ihrer Pläne zu identifizieren.

Lebensbedrohliche Einsatzlagen verlangen als außergewöhnliche Einsatzlagen den Polizeibeamten/Polizeibeamtinnen physisch und psychisch viel ab. Polizisten/Polizistinnen aller Ebenen sollten sich daher ebenenadäquat mit den nachfolgenden Inhalten mental auseinandersetzen. Die grundlegenden Aus- und Fortbildungsinhalte ergänzt durch praktische Übungen sollten dazu dienen, den Polizisten/Polizistinnen Handlungssicherheit zu geben. Dies betrifft insbesondere die Kollegen/Kolleginnen des Wach- und Wechseldienstes, die als Erstinterventionskräfte bis zum Eintreffen von Spezialeinsatzkräften zielführend agieren müssen. Den Führungskräften kommt dabei als Entscheidungsträgern ihrer jeweiligen Führungsebene ebenfalls eine besondere Bedeutung zu.

11.1 Amokläufe

Bis zu dem Amoklauf in Erfurt im Jahr 2002 war es so, dass die ersten Streifenbeamten/Streifenbeamtinnen am Einsatzort eines Amoklaufs eine äußere Absperrung eingerichtet und Lagemeldungen abgegeben haben. Wissenschaftliche Aufarbeitungen von Amokläufen haben jedoch ergeben, dass ein derartiger Amoklauf meistens nach wenigen Minuten vorbei ist. Der Täter/die Täterin versucht in möglichst kurzer Zeit möglichst viele Menschen zu töten und richtet sich dann in vielen Fällen selbst. Das Eintreffen von Spezialeinheiten am Ereignisort benötigt eine deutlich längere Zeit als der Ablauf eines derartigen Szenarios. So wurden u. a. nach der Auswertung des Ereignisses in Erfurt alle Polizeibeamten/Polizeibeamtinnen von Bund und Ländern darin geschult, in derartigen Amoklagen in Gebäude einzudringen und Druck auf den Täter/die Täterin auszuüben, um diesen/diese vom weiteren Töten abzuhalten.

Am 11. März 2009 fand ein Amoklauf in der baden-württembergischen Stadt Winnenden statt. Der 17-jährige Täter ermordete mit einer Schusswaffe, die er mit dazugehöriger Munition aus dem elterlichen Schlafzimmer entwendet hatte, insgesamt 15 Menschen und verletzte 14 weitere Personen. Dieser Amoklauf begann in einer Schule, in welcher der Täter 12 Menschen tötete. Er begab sich dann auf die Flucht, in deren Verlauf er 3 weitere Menschen ermordete. Schließlich beging der Täter Suizid. Dieser Amoklauf löste u. a. eine Diskussion über das deutsche Waffenrecht aus und führte in der Folge zur Verschärfung dieser Gesetze. Darüber hinaus gab es im Landtag von Baden-Württemberg einen Sonderausschuss [1], der aus der Analyse der Ereignisse u. a. Handlungsempfehlungen entwickelte. Der Vater des Amokläufers wurde im strafrechtlichen Verfahren u. a. wegen des fahrlässigen Überlassens eine Schusswaffe zu einer 18-monatigen Bewährungsstrafe verurteilt. Darüber hinaus schloss er mit der Unfallkasse Baden-Württemberg einen außergerichtlichen Vergleich. Darin verpflichtete sich der Vater, 500.000 Euro an die Unfallkasse als Beitrag für die Behandlung von Opfern und Hinterbliebenen zu bezahlen.

11.2 Weitere lebensbedrohliche Einsatzlagen

Als Folge der Terroranschläge und auch anderer lebensbedrohlicher Einsatzlagen wurde das taktische Vorgehen der Polizei erneut überdacht und alle Polizeibeamten/Polizeibeamtinnen werden nach und nach fortgebildet, um in derartigen Einsatzlagen vorzugehen. Die Fortbildung fußt auf den sogenannten Anti-Amok-Schulungen, und es ist weiterhin das Ziel, das Töten des bzw. der Täter/Täterinnen zu beenden. Im ersten Ansatz sind es die „normalen" Kontroll- und Streifenbeamten/Streifenbeamtinnen des Wach- und Wechseldienstes, die gegen den Täter/die Täterin vorgehen. Ihre Aufgabe ist es auch in dieser Lage, das Töten des Täters/der Täterin zu beenden und die Lage möglichst stationär zu halten. Der Übergang in eine bewegliche Lage sollte unbedingt verhindert werden. Bis zum Eintreffen von Spezialkräften wird eine erhebliche Zeitspanne zu überwinden sein, in der die örtlichen Einsatzkräfte auf sich allein gestellt sind. Ein jeder Polizeibeamter/eine jede Polizeibeamtin kann und sollte selbst einschätzen, wie lange die Zuführung von Kräften in ihrem dienstlichen Zuständigkeitsbereich realistisch benötigen wird.

Besondere Herausforderungen in derartigen Lagen bestehen darin, die Gefahrenlage richtig einzuschätzen. Darüber hinaus sind gerade in ländlichen Räumen nicht immer die Polizeibeamten/Polizeibeamtinnen die ersten Einsatzkräfte vor Ort. Aufgrund der gesetzlichen Hilfeleistungsfristen kann es passieren, dass Kräfte von Rettungsdienst und/oder Feuerwehr zuerst vor Ort sind. Ihnen kommt dann die Einschätzung der Gefahrenlage zu. Hierzu hat das Bundesamt für Bevölkerungsschutz und Katastrophenhilfe einen Leitfaden erarbeitet, der Kräfte der nichtpolizeilichen Gefahrenabwehr bei der Gefahreneinschätzung unterstützen soll: HEIKAT – Handlungsempfehlungen zur Eigensicherung für Einsatzkräfte [2]. Die Kräfte der nichtpolizeilichen Gefahrenabwehr sind in Deutschland weder für ein taktisches Vorgehen gegen bewaffnete Täter/Täterinnen ausgebildet noch ausgestattet. Im Zweifel müssen sich diese Kräfte daher aus dem Gefahrenbereich zurückziehen und darauf warten, dass polizeiliche Einsatzkräfte eintreffen. Dies wiederum führt dazu, dass u. U. verletzte Personen nicht sofort aus dem Gefahrenbereich gerettet werden können. Gerade bei Terroranschlägen ist jedoch damit zu rechnen, dass viele Patienten/Patientinnen aufgrund von Schusswunden und/oder Explosionsverletzungen stark blutende Verletzungen aufweisen werden. Bei derartigen Verletzungsmustern ist es essenziell, dass den Verletzten schnell geholfen wird [3]. In Deutschland ist es anerkannt, von drei Zonen zu sprechen, die unterschiedlich bezeichnet werden können: rot, gelb und grün, heiß, warm und kalt, unsicher, teilsicher und sicher. In der roten (heißen, unsicheren) Zone agiert die Polizei. In diesem Bereich haben Kräfte der nichtpolizeilichen Gefahrenabwehr nichts verloren, da es ihnen an taktischer Ausbildung und der entsprechenden persönlichen Schutzausrüstung (PSA) mangelt. Die Polizei nimmt die Einteilung der Gefährdungszonen vor. Dabei muss den Führungsverantwortlichen vor Ort bewusst sein, dass die Ausdehnung der Gefahrenzone die Rettung Verletzter kompliziert. Es ist unerlässlich, dass das Führungspersonal der polizeilichen und nichtpolizeilichen Gefahrenabwehr miteinander kommuniziert. Die Übergänge der Zonen sind – je nach Lage – fließend.

11.2.1 Was war früher anders?

Die Polizeibeamten/Polizeibeamtinnen des Wach- und Wechseldienstes müssen sich zur Bewältigung lebensbedrohlicher Einsatzlagen mit vielen Inhalten auseinandersetzen. Das sollten sie dringend mit der gebotenen Ernsthaftigkeit tun, da aus jeder alltäglichen Routinesituation des Streifendienstes eine lebensbedrohliche Einsatzlage entstehen kann.

Noch vor einigen Jahrzehnten war es in der Polizeiausbildung üblich, militärische Verhaltensweisen zu trainieren.

Stichworte sind hier z. B. Formalausbildung, aber auch die Geländeausbildung. Bei der Formalausbildung lernten die Polizeibeamten/Polizeibeamtinnen, sich geordnet in kleinen (Gruppe) und großen Formationen (Hundertschaft, Abteilung) zu bewegen. Dies umfasste auch das geordnete Auf- und Absitzen auf Fahrzeuge. In bestimmten Einsatzlagen führte dieses disziplinierte Verhalten von Polizeikräften dazu, dass es dem polizeilichen Gegenüber meist schon Respekt vermittelte und dadurch auch dazu führte, bestimmte Polizeieinheiten nicht als Schwachstelle im Einsatz zu betrachten. Bei der Geländeausbildung wurden unterschiedliche Stufen der Einsatzbereitschaft vermittelt und geübt. Vorgehen unter gegenseitiger Sicherung, Niederhalten des Gegenübers und das Erkennen von (richtigen) Deckungsmöglichkeiten gingen jedem in Fleisch und Blut über. Die Geländeausbildung mit Platzpatronen wurde durch regelmäßige Aufenthalte auf Truppenübungsplätzen ergänzt. So lernten die Polizeibeamten/Polizeibeamtinnen auch, bei Wind und Wetter ihre Schusswaffen zu handhaben und einzusetzen. Heute sind diese Ausbildungsinhalte eher unüblich geworden und werden höchstens noch bei Spezialeinheiten abgefordert. Die Ausbildung der Polizei sollte sich deutlich von der militärischen Ausbildung abgrenzen.

Jeder Polizist/jede Polizistin sollte seine/ihre Führungs- und Einsatzmittel kennen und beherrschen, vor allem auch unter Stress. Früher war es in der Polizei bereits während der Ausbildung üblich, drillmäßig zu üben, um Handhabungsfehler unter Stress zu minimieren. Dieser Grad der Automatisierung von Handlungsweisen wird in der heutigen Ausbildung an vielen Stellen nicht mehr erreicht. Nach der Ausbildung ist es in Dienststellen des Einzeldienstes kaum noch möglich, drillmäßig zu üben. Über die letzten Jahre ist damit in der Ausbildung noch ein wertvoller Inhalt verloren gegangen.

Die heutigen Ausbildungspläne sind bereits gut gefüllt, wenn nicht gar überfüllt. So müssten diese unter dem Blickwinkel der aktuellen Lageentwicklungen erneut betrachtet, entfrachtet und mit anderen Inhalten gefüllt werden. Gerade das Studium für den gehobenen Polizeivollzugsdienst ist sehr theorielastig. Dies sind jedoch Entscheidungen der höchsten Führungsebenen der Polizei, der Hochschulen der Polizeien bzw. der zuständigen Innenministerien.

11.2.2 Was hat sich noch verändert?

Der Terroranschlag von Christchurch/Neuseeland am 15. März 2019 setzt in Bezug auf die Verbreitung von Bildmaterial einen neuen Maßstab. Der Täter tötete mit seinen Gewehren in einer Moschee 51 Menschen, weitere 50 Menschen wurden – teilweise schwer – verletzt. Seine 19-minütige Tat übertrug der Mörder mittels Helmkamera über eine App live in ein soziales Netzwerk. Dabei beginnt er bereits mit der Anfahrt zum späteren Tatort.

Am 18. März 2019 veröffentlicht das soziale Netzwerk Facebook in seinem Newsroom [4] ein Update zu den Geschehnissen in Christchurch. Darin heißt es u. a. dass der Livestream während seiner Übertragung von weniger als 200 Personen angesehen wurde. Keine dieser Personen hat das Video in dieser Zeit gemeldet. Rund 4000 Personen haben das Video angesehen, bevor dies von Facebook gelöscht wurde. Das soziale Netzwerk erhielt 12 Minuten nach der Tat (also 29 Minuten nach Beginn derselben) eine Meldung hierüber. In den ersten 24 Stunden nach der Tat wurde das Video 1,5 Millionen Mal bei Facebook gelöscht. 1,2 Millionen Mal wurde der Upload blockiert. Auch in anderen sozialen Netzwerken sowie über Messengerdienste wurden und werden unterschiedliche Varianten des Videos verbreitet.

Eine nicht repräsentative mündliche Umfrage bei Studierenden für den gehobenen Polizeivollzugsdienst der Bundespolizei in einem Teil eines Studienjahrgangs ergab, dass ein Video der Tat den meisten Studierenden bekannt war. Viele hatten es über einen Messengerdienst erhalten. Einige Studierende erklärten auf freiwilliger Basis, dass sie das Ansehen des Videos als „unwirklich" und „wie bei einem Egoshooter" empfunden hätten. Erst später sei ihnen bewusst geworden, dass hier real die Ermordung von Menschen gezeigt wurde.

Ein Ziel derartiger Täter ist, dass ihre Werke und Ansichten in Verbindung mit dem Ablauf der Tat möglichst weit und nachhaltig medial verbreitet werden sollen. Auch der Täter von Christchurch hatte nicht nur seinen Livestream gesendet, sondern auch noch ein Manifest veröffentlicht.

> Das Internet vergisst nicht! Wir alle sollten genau das nicht tun, was derartige Täter wollen, nämlich die Informationen über ihre Tat und ihre Motive sowie ihren Namen weiterverbreiten. Daher ist es indiziert, erhaltene Videos oder Manifeste nicht weiter zu versenden und keinesfalls selbst im Internet – in welcher Form auch immer – zu veröffentlichen!

In Neuseeland ist es übrigens strafbar, das Video der Tat zu besitzen oder zu verbreiten. Nach Presseberichten sind hierfür auch bereits Personen verurteilt worden.

Aus allgemeiner Berufs- und Lebenserfahrung ist leider damit zu rechnen, dass es zukünftig Täter geben wird, die versuchen werden, diesen Livestream noch durch schrecklichere Taten zu überflügeln. Erfahrungsgemäß ist es häufig so, dass der Jahrestag einer solchen Tat hierfür als Anlass genommen wird. Insofern dürfte hier eine besondere Wachsamkeit indiziert sein.

11.2.3 Mindset oder worauf müssen sich Polizeibeamte/Polizeibeamtinnen gedanklich vorbereiten?

In lebensbedrohlichen Einsatzlagen müssen sich Polizeibeamte/Polizeibeamtinnen mental auf neue Herausforderungen einstellen. Einige dieser Herausforderungen sollen nachfolgend dargestellt werden.

Wie oben angesprochen, handelt es sich bei einer lebensbedrohlichen Einsatzlage um ein Szenario, in dem die Polizei die Führung innehat und Gefahrenbereiche festlegen muss. Wie bereits erwähnt, ist es Aufgabe der Polizei, im unsicheren Bereich (rote Zone, heiße Zone) zu agieren. Die Hauptaufgabe besteht darin, den Täter/die Täterin zu neutralisieren und den Übergang in eine mobile Lage zu unterbinden. Konkret bedeutet dies, dass Polizeibeamte/Polizeibeamtinnen mit ihrem Schusswaffeneinsatz den Täter/die Täterin nicht mehr ausschließlich angriffs- und/oder fluchtunfähig machen, indem sie auf Arme und/oder Beine schießen. Lageabhängig kann es erforderlich sein, einen tödlich wirkenden Schuss zu platzieren. In den vergangenen Jahrzehnten hat sich die Ausbildung im Bereich des Schießens deutlich verändert. So wird heute von den Beamten/Beamtinnen erwartet, dass sie nach einer Schussabgabe die Trefferwirkung beobachten, um dann ggf. einen weiteren Schuss zu platzieren. Mit dieser mühsam antrainierten Verhaltensweise wird es für die Polizisten/Polizistinnen in einer lebensbedrohlichen Einsatzlage schwer bis unmöglich, zu bestehen. Ihr Gegenüber ist häufig militärisch ausbildet und militärisch bewaffnet sowie mental dazu in der Lage, den „Feind" ohne Zögern tödlich zu bekämpfen. Der eigene Tod wird von dieser Klientel mindestens billigend in Kauf genommen oder sogar gewollt. Die Polizeibeamten/Polizeibeamtinnen des Wach- und Wechseldienstes sind im

Alltagsdienst überwiegend mit ihrer Pistole ausgestattet. Damit sind die Beamten/Beamtinnen einem militärisch bewaffneten Gegenüber hoffnungslos unterlegen. Dies betrifft sowohl die Faktoren Durchschlagskraft der Geschosse als auch die mögliche Kampfentfernung. Hinzu kommt die Menge der mitgeführten Munition. Daher müssen die Beamten/Beamtinnen unbedingt – wenn sie wissentlich in eine derartige Einsatzlage ausrücken – die zur Verfügung stehenden weiteren Schusswaffen mitführen und sich dieser bedienen. Mental ist es unerlässlich, sich damit auseinanderzusetzen, erforderlichenfalls einen tödlich wirkenden Schuss abzugeben.

Gleichzeitig müssen sich die Beamten/Beamtinnen mental damit auseinandersetzen, dass – trotz mittlerweile vorhandener hochwertiger ballistischer Schutzausstattung – bei einem solchen Einsatzszenario Kollegen/Kolleginnen schwer verletzt und/oder auch tödlich getroffen werden können. Gerade terroristischen Gewalttätern bedeutet ein Menschenleben nichts. Sie werden nicht zögern, auf Interventionskräfte einzuwirken. Durch die häufig verwendeten militärischen Schusswaffen können sie problemlos tödlich wirkende Schüsse abgeben. Durch die militärische Vorerfahrung sind sie in der Lage, Fehler im polizeilichen Vorgehen – wie z. B. eine fehlende Deckung – zu ihrem eigenen Vorteil auszunutzen. Führungskräfte aller Ebenen müssen sich mental damit auseinandersetzen, dass sie Mitarbeiter/Mitarbeiterinnen in derartigen Lagen der Gefahr der Verletzung bzw. des Todes aussetzen.

Neben den dargestellten psychischen Herausforderungen müssen die Beamten/Beamtinnen auch mit physischen Herausforderungen umgehen. Die alltägliche persönliche Schutzausrüstung bringt schon einiges Gewicht auf die Waage. Die mittlerweile vorhandene ballistische Schutzausstattung wird einige Beamten/Beamtinnen in dieser Hinsicht an ihre physischen Grenzen führen. Der mentale Stress so einer Einsatzlage ist schon erschöpfend; kommt jetzt noch das zusätzliche Gewicht dazu, dann wird es – je nach Fitnessstand des einzelnen Beamten/der einzelnen Beamtin – schwierig, sich fortzubewegen. Daher sollte jeder Beamte/jede Beamtin die eigene körperliche Leistungsfähigkeit kritisch einschätzen und diese durch körperliches Training verbessern. Den Führungskräften aller Ebenen kommt hier ebenfalls eine bedeutende Rolle zu: zum einen müssen sie selbst Vorbild sein und zum anderen müssen sie ihre Mitarbeiter/Mitarbeiterinnen durch geeignete Maßnahmen zum Training anhalten. Im Übrigen dürfte jedem/jeder einsichtigen und besonnenen Beamten/Beamtin klar sein, dass nur die dienstlichen Sportzeiten für ein effektives Training keinesfalls ausreichend sind. Hier ist jeder Polizeibeamte/jede Polizeibeamtin im Rahmen seiner/ihrer Eigenverantwortung gefordert!

Versetzen wir uns jetzt einmal in die Lage nach einem terroristischen Anschlag. Neben der mentalen Beanspruchung, den/die Täter aufzuspüren und zu neutralisieren, kommt ein weiterer emotional erheblich belastender Aspekt auf die Polizeibeamten/Polizeibeamtinnen zu. Im Tatortbereich werden sich tote, verletzte und schreiende Betroffene befinden. Eine erhebliche Geräuschkulisse wird gerade bei noch um sich schießenden Tätern/Täterinnen dieses Szenario begleiten. Der vorrangige Auftrag der ersten Beamten/Beamtinnen ist es, Druck auf die Täter/Täterinnen auszuüben und diese zu neutralisieren. Das bedeutet, dass die ersten Beamten/Beamtinnen über die Verletzten hinweg gehen und diese Menschen zurücklassen müssen. Damit muss sich jeder Beamte/jede Beamtin zwingend mental auseinandersetzen! Dies bedeutet einen erheblichen Stressfaktor, dem in der Realität nicht jeder Polizist/jede Polizistin gewachsen sein wird. Sich im Rahmen einer

Vollübung schon einmal darin erprobt zu haben erleichtert es, tatsächlich mit einer vergleichbaren Echtlage umzugehen.

Den Polizeibeamten/Polizeibeamtinnen kommt am Ereignisort eine weitere verantwortungsvolle Rolle zu: Sie müssen Menschen, die selbst noch laufen können, eine Evakuierungsrichtung aufzeigen, damit sich diese Betroffenen selbst in Sicherheit bringen und leicht verletzte Personen mitnehmen können. Die verbleibenden Verletzten müssen von den Polizeibeamten/Polizeibeamtinnen aus dem Gefahrenbereich gerettet werden, solange die Gefährdungslage noch akut ist. Positiv ist, dass die Polizeibeamten/Polizeibeamtinnen mit Tourniquets und speziellem Verbandmaterial ausgestattet wurden. Je nach Land/Bund gibt es unterschiedliche Ausstattungskonzepte. Neben einer Mannausstattung, die vorrangig der Selbst- und Kameradenhilfe bei Eigenverletzungen der Polizeibeamten/Polizeibeamtinnen gilt, gibt es mittlerweile durchdachte Materialzusammenstellungen, die gleichermaßen auf Streifenwagen der Polizei wie auf Fahrzeugen der nichtpolizeilichen Gefahrenabwehr platziert sind. Dies hat den Vorteil, dass im Ernstfall in kurzer Zeit eine Menge an Material verfügbar ist. Allerdings nützt das beste Material nichts, wenn der Anwender/die Anwenderin damit nicht geübt ist! So sollte nicht nur eine grundlegende Einweisung und regelmäßige Fortbildung in Erster Hilfe stattfinden, sondern darüber hinaus regelmäßig die Anwendung dieses Verbandmaterials trainiert werden. Die korrekte Anlage eines Tourniquets zur Blutstillung ist für den Patienten/die Patientin schmerzhaft. Dies sollte der Anwender/die Anwenderin wissen und beim Training auch selbst erspürt haben. Dann hat er/sie im Ernstfall einen anderen und zielführenden Umgang mit diesem Equipment.

In der Gefahrensituation geht es aber auch vorrangig darum, durch Einsatzkräfte der Polizei die Transportkette aus dem Gefahrenbereich zu starten. Dabei ist entscheidend, im

Rahmen einer ersten Einschätzung die „roten" Patienten – also die am schwersten verletzten Betroffenen – aufzuspüren und zuerst an die Rettungskräfte zu übergeben. Hier gibt es ein Handicap, das ebenfalls jedem Polizeibeamten/jeder Polizeibeamtin bewusst sein sollte: eine verletzte Person zu tragen, ist eine körperlich extrem anspruchsvolle Aufgabe. Gerade vor dem Hintergrund des Gewichts der persönlichen Schutzausrüstung sind die Beamten/Beamtinnen ohnehin schon erheblich physisch belastet. Hinzu kommt, dass viele Menschen in der heutigen Zeit ein ansehnliches Körpergewicht auf die Waage bringen. Insofern sollten die Polizeibeamten/Polizeibeamtinnen in einer solche Lage versuchen, sich Tragen vom Rettungsdienst zu organisieren. Dies schont nicht nur die eigenen Kräfte, sondern macht auch den Transport der Verletzten zu einer qualifizierten medizinischen Versorgung schneller. Hier sind kreative Lösungen gefordert, und um solche zu finden, sollten rechtzeitige BOS-übergreifende Absprachen erfolgen (BOS: Behörden und Organisationen mit Sicherheitsaufgaben) und abgestimmte Konzepte erarbeitet werden. Im Idealfall finden auch gemeinsame Übungen statt, um Schwachstellen zu identifizieren und zu optimieren.

11.2.4 Anpassung von gesetzlichen Regelungen

Die Anwendung unmittelbaren Zwangs, wozu auch der Schusswaffengebrauch zählt, ist in den Polizeien des Bundes und der Länder unterschiedlich geregelt. Teilweise enthalten die Polizeigesetze diese Regelungen. Für die Polizeibeamten des Bundes gilt das Gesetz über den unmittelbaren Zwang bei Ausübung öffentlicher Gewalt durch Vollzugsbeamte des Bundes(UZwG) mit einer ergänzenden Verwaltungsvorschrift, der UZwVwV. Dieses Gesetz gibt es bereits seit 1961 [5].

Die rechtlichen Möglichkeiten des Schusswaffengebrauchs sind in § 10 UZwG geregelt. Dieser sieht in seinem Abs. 3 vor, dass das Recht zum Gebrauch von Schusswaffen aufgrund anderer gesetzlicher Grundlagen unberührt bleibt. In § 12 Abs. 2 UZwG ist enthalten, dass der Zweck des Schusswaffengebrauchs ist, angriffs- oder fluchtunfähig zu machen. Eine Regelung für einen tödlich wirkenden Schuss ist hier nicht enthalten. Nach § 12 Abs. 3 UZwG dürfen Schusswaffen nicht gegen Personen eingesetzt werden, die sich dem äußeren Eindruck nach im Kindesalter befinden. Bei terroristischen Anschlägen ist es durchaus denkbar, dass gezielt Personen als Attentäter ausgewählt werden, die noch Kinder sind. Folglich würde sich nach dieser Rechtsgrundlage dann ein Schusswaffengebrauch verbieten. Hier kommt wieder der bereits o. a. Punkt des Mindsets zum Tragen: Wie würde der Polizist/die Polizisten reagieren, wenn ihm/ihr ein bewaffnetes Kind mit unverkennbarer Tötungsabsicht anderer gegenübersteht? Hier dürfte die Reaktion stark davon abhängig sein, ob der Beamte/die Beamtin selbst Kinder hat oder nicht. Wichtig ist auf jeden Fall, sich auch mit derartigen Szenaren gedanklich auseinander zu setzen, um diese im Fall der Realisierung bestmöglich zu bewältigen.

Nach § 13 Abs. 1 UZwG ist der Schusswaffengebrauch anzudrohen. Die Abgabe eines Warnschusses gilt als Androhung. Fraglich ist, ob ein Polizist/eine Polizistin in einer Terrorlage mit militärisch bewaffneten Straftätern aus Gründen der Eigensicherung realistisch betrachtet einen Schusswaffeneinsatz androhen kann. Damit würde das wertvolle Überraschungsmoment zum erfolgreichen Schusswaffeneinsatz aufgegeben.

Wie bereits o. a. bleibt das Recht zum Einsatz der Schusswaffe aufgrund anderer rechtlicher Grundlagen unberührt. Dies könnten z. B. die §§ 32–34 StGB sein, welche die Notwehr, Nothilfe, die Überschreitung der Notwehr sowie den rechtfertigenden Notstand regeln. Dies sind im Ergebnis jedoch nur Rechtfertigungsgründe und keine Rechtsgrundlagen für den Schusswaffengebrauch. Daher ist der Gesetzgeber auf Bundesebene dringend gefordert, das Gesetz über den unmittelbaren Zwang zu modernisieren und den aktuellen Gegebenheiten anzupassen.

Die gesetzlichen Regelungen der Länder zum Schusswaffeneinsatz sind genauso zu hinterfragen und erforderlichenfalls entsprechend zu modernisieren. Die meisten Bundesländer haben in ihren Gesetzen mittlerweile den sogenannten finalen Rettungsschuss normiert. Dieser erlaubt Polizeibeamten/Polizeibeamtinnen unter engen Voraussetzungen, einen tödlich wirkenden Schuss einzusetzen. Aktuell hat das Kabinett des Schleswig-Holsteinischen Landtages einen Gesetzentwurf [6] auf den Weg gebracht, in welchem u. a. die Befugnisse zum Schusswaffengebrauch der Polizei des Landes Schleswig-Holstein ergänzend geregelt werden sollen. So soll nach dem Willen der Landesregierung künftig als ultima ratio zur Abwehr einer gegenwärtigen Lebensgefahr der finale Rettungsschuss zulässig sein. Darüber hinaus soll in extremen Ausnahmesituationen der Schusswaffengebrauch ohne vorherige Warnung auch gegen Personen in einer Menschenmenge ermöglicht werden. In akuten terroristischen Bedrohungslagen oder Amoklagen wird der Schusswaffengebrauch gegen Personen unter 14 Jahren ebenfalls thematisiert. Es bleibt abzuwarten, ob dieser Gesetzentwurf zum Gesetz erhoben wird.

Literatur

1. Landtag von Baden-Württemberg, 14. Wahlperiode, Drucksache 14/6000 vom 15. März 2010
2. https://www.bbk.bund.de/SharedDocs/Downloads/BBK/DE/Publikationen/Broschueren_Flyer/HEIKAT_Handlungsempfehlungen.html. Zugegriffen am 04.03.2020

3. Wurmb T, Kowalzik B, Rebuck J et al (2018) Bewältigung von besonderen Bedrohungslagen. Notfall Rettungsmed 21:664. https://doi.org/10.1007/s10049-018-0516-6
4. https://newsroom.fb.com/news/2019/03/update-on-new-zealand/?utm_source=newsletter&utm_medium=email&utm_campaign=newsletter_axioslogin&stream=top. Zugegriffen am 04.03.2020
5. Bundesgesetzblatt, Teil I Nr. 14 vom 18. März 1961, Seite 165 ff
6. Pressemitteilung des Ministeriums des Innern, ländliche Räume und Integration in Schleswig-Holstein vom 5. November 2019

12

Umgang mit dem Tod

Es ist keine Schande, den Tod anderer Menschen als Belastung zu empfinden. Gerade wenn es um tote Kinder oder Personen geht, zu denen eine wie auch immer geartete persönliche Beziehung besteht, kann dies unvermittelt eine erhebliche Belastung sein, mit der der Einzelne nicht mehr ohne Weiteres umgehen kann.

In früheren Jahren wurde immer vermittelt, dass der Polizist/die Polizistin „hart" sein muss, dass er/sie dies ertragen können muss. Heute sollten gerade Berufsanfänger/Berufsanfängerinnen in angemessener Weise an den Tod herangeführt werden. Genauso sollten Vorgesetzte akzeptieren, dass es Mitarbeiter/Mitarbeiterinnen gibt, die den Anblick von Toten nicht ohne Weiteres verkraften. Das heißt nicht, dass so ein Mitarbeiter/eine Mitarbeiterin nicht für den Polizeidienst geeignet ist! Vielleicht hat genau dieser Mitarbeiter/diese Mitarbeiterin seine/ihre persönlichen Stärken auf einem ganz anderen Gebiet, in dem er/sie dann besser eingesetzt wird. Es ist mit Sicherheit der falsche Weg, einen

© Springer Fachmedien Wiesbaden GmbH, ein Teil von Springer Nature 2020
N. Bernstein, *Der Anti-Stress-Trainer für Polizisten*, Anti-Stress-Trainer, https://doi.org/10.1007/978-3-658-12475-5_12

Mitarbeiter/eine Mitarbeiterin, der/die sich diesbezüglich vertrauensvoll an seinen/ihren Vorgesetzten wendet, mit einem Verfahren auf Überprüfung der Polizeidienstfähigkeit zu überziehen. Vielmehr sollte dieser Mitarbeiter/diese Mitarbeiterin von seinem/ihrem Vorgesetzten dabei unterstützt werden, die belastenden Eindrücke möglichst schnell zu verarbeiten und sich auszukurieren. Im Idealfall sollten der Mitarbeiter/die Mitarbeiterin und der/die Vorgesetzte gemeinsam prüfen, ob der Mitarbeiter/die Mitarbeiterin nicht in einer anderen dienstlichen Verwendung seine/ihre Stärken für die Organisation gewinnbringend einsetzen kann.

Die Begegnung mit dem Tod kann für einen Polizeibeamten/eine Polizeibeamtin vielfältige Facetten haben, von denen einige hier beleuchtet werden sollen.

Im Jahr 2015 sind in Deutschland insgesamt 925.200 Menschen verstorben. Davon waren 449.512 männlich und 475.688 weiblich [1]. Die Sterbefälle werden nach einer internationalen Standardisierung aufgeschlüsselt, welche als ICD-10 bezeichnet wird.

12.1 Überbringen einer Todesnachricht

Unabhängig davon, wie ein Mensch ums Leben gekommen ist, ist für die eingesetzten Polizeibeamten/Polizeibeamtinnen das Überbringen der Todesnachricht an die nächsten Angehörigen stets eine besondere Herausforderung. Dabei sollten einige Grundregeln beachtet werden. Eine Todesnachricht sollte grundsätzlich niemals telefonisch überbracht werden. Von diesem Grundsatz sollte es nur in ganz speziellen Situationen eine Ausnahme geben. Ein Polizist/eine Polizistin überbringt niemals allein eine Todesnachricht. Es ist nicht einschätzbar, wie Personen auf eine Todesnachricht reagieren. Hier sind von Teilnahmslosigkeit über einen Weinkrampf bis zur Aggression gegen die mitteilenden Beamten/Beamtinnen alle Facetten denkbar. Die Polizisten/Polizistinnen sollten sich fachkundiger Unterstützung bedienen. Je nach Umständen kann dies z. B. der örtliche Geistliche, ein örtlicher Arzt oder auch ein Kriseninterventionsteam sein. Die Polizeibeamten/Polizeibeamtinnen haben sozusagen die Rolle eines Boten/einer Botin, der/die eine schlechte Botschaft überbringt. Die Beamten/ Beamtinnen sollten in der Lage sein, noch einige Fragen der Angehörigen zu beantworten. Daher ist es von Vorteil, wenn zumindest ein Überbringer der Todesnachricht beim Auffinden der toten Person anwesend war. Danach haben die Polizisten/Polizistinnen ihre Aufgabe erfüllt. Oft wird die Familie die Frage nach dem „Warum" stellen. Hier sollten sich die Beamten/Beamtinnen nicht zu Spekulationen und Aussagen hinreißen lassen. Dies werden bei Tötungsdelikten dann die Ermittlungen ergeben. Beim Suizid gibt es teilweise eine Vorgeschichte mit Erkrankungen, oder einen erklärenden Abschiedsbrief, manchmal bleibt das Motiv aber auch im Dunkeln. Es ist in diesen Fällen auch nicht Gegenstand der Ermittlungen.

Die Beamten/Beamtinnen sollten beim Überbringen der Todesnachricht viel Empathie haben und eine angemessene Situation schaffen, um die schlechte Nachricht zu überbringen. Genauso sollten sie sich taktvoll zurückziehen und die Hinterbliebenen an die o. g. Personen übergeben. Geistliche, Ärzte oder ein Kriseninterventionsteam können die Angehörigen längerfristig betreuen und bei der Verarbeitung eines solchen Ereignisses helfen.

Nach dem Überbringen der Todesnachricht sollte diese Situation zwischen den Streifenpartnern/Streifenpartnerinnen und ggf. auch in der Dienstgruppe noch einmal be sprochen werden. Denn auch diese Situation muss mental verarbeitet werden.

12.2 Suizid

Am Anfang der Betrachtungen soll eine gestraffte statistische Auswertung der Todesfälle durch „vorsätzliche Selbstbeschädigung" stehen, wie der Suizid offiziell in der Statistik des Statistischen Bundesamtes und in der Gesundheitsberichterstattung bezeichnet wird. Im Jahr 2015 gab es in Deutschland insgesamt 10.078 Todesfälle durch diese Todesart. Hierunter waren 2681 weibliche und 7397 männliche Personen [1]. Die Fälle sind in unterschiedliche Fallgruppen unterteilt, die unter den ICD-10 unter der Sterbeziffer X-60 bis X-84 aufgeschlüsselt sind. Bei den Suizidarten ist die vorsätzliche Selbstbeschädigung durch Erhängen, Strangulierung oder Ersticken die am weitesten verbreitete Methode. Sie macht rund 45 % der Fälle aus. Mit weitem Abstand danach folgt die vorsätzliche Selbstbeschädigung durch Sturz in die Tiefe, die rund 10 % der Fälle ausmacht. Nur rund 2,5 % der Suizide wurden durch Handfeuerwaffen oder andere Feuerwaffen begangen.

Über Suizide auf Bahnanlagen werden keine genauen Zahlen veröffentlicht. In der bereits zitierten Statistik [2] lässt sich unter der Schlüsselziffer X-81 „vorsätzliche Selbstbeschädigung durch Sichwerfen oder Sichlegen vor ein sich bewegendes Objekt" eine teilweise Größenordnung dieser Selbstmordfälle abschätzen. Nach einer Allgemeinverfügung der Eisenbahn-Unfalluntersuchungsstelle des Bundes [4] sind von den Eisenbahnen Suizide und Arbeitsunfälle gem. § 8 Sozialgesetzbuch Siebtes Buch (SGB VII) grundsätzlich nicht zu melden.

Abb. 12.1 stellt die Altersgruppen bei Suiziden im Jahr 2015 dar. Eine besondere Häufigkeit ist sowohl bei Män-

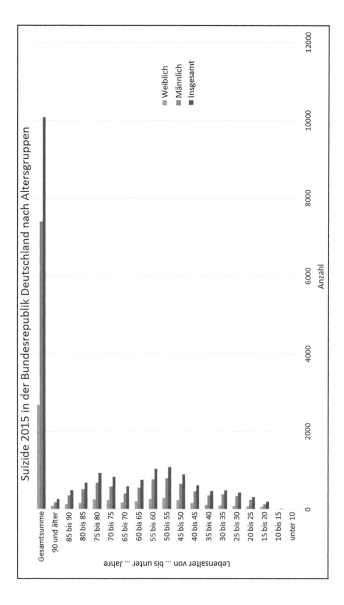

Abb. 12.1 Suizide 2015 nach Altersgruppen

nern als auch bei Frauen im Alter zwischen dem 45. und dem 60. Lebensjahr zu beobachten. Auch ab dem 70. Lebensjahr sind bei beiden Geschlechtern die Suizidraten ebenfalls noch einmal besonders hoch. Dazwischen wurden die Zahlen wieder etwas kleiner. Insgesamt lässt sich feststellen, dass Männer häufiger Suizid begehen als Frauen. Bei der Betrachtung der Fälle vorsätzlicher Selbstbeschädigung bezogen auf 100.000 Einwohner wird diese These deutlich unterlegt. So gibt es 12,3 Sterbefälle pro 100.000 Einwohner; davon 6,5 von Frauen und 18,4 von Männern (ohne Aufschlüsselung nach Alter). Bei der Aufschlüsselung nach dem Alter steigt bei der o. g. Bezugsgröße bei Männern ab 80 Jahren die Anzahl der Suizide rasant an [1].

In der Presse wird grundsätzlich nicht über Suizide berichtet. Ausnahmen werden in besonderen Einzelfällen gemacht. Einer davon war z. B. der Suizid des Fußballprofis Robert Enke, der sich am 10. November 2009 im Alter von 32 Jahren an einem Bahnübergang in Hannover das Leben nahm. Robert Enke war an Depressionen erkrankt. Nach dieser Berichterstattung war über mehrere Wochen ein Anstieg von Suiziden auf Bahnanlagen zu beobachten.

Im Folgenden soll der Suizid von und durch Polizeibeamten/Polizeibeamtinnen detaillierter beleuchtet werden.

12.3 Suicide by Cop

Unter Suicide by Cop versteht man, dass sich ein Mensch durch einen provozierten Schuss eines Polizeibeamten/ einer Polizeibeamtin das Leben nehmen lassen will. In Deutschland ist dieses Phänomen glücklicherweise selten anzutreffen, da auch insgesamt die Zahl der Schusswaffengebräuche durch die Polizei in Deutschland gering ist. Daher gibt es in Deutschland keine gesonderte Statistik zum Suicide by Cop. Häufiger tritt das Phänomen in den USA auf.

Für den Polizeibeamten/für die Polizeibeamtin eine extrem schwierige Situation, da der Täter es bewusst darauf anlegt, den Polizisten/die Polizistin zu einer Schussabgabe zu provozieren. Um diese Provokation möglichst akut zu gestalten, wird meistens eine Schusswaffe oder ein Messer oder andere erkennbar gefährliche Waffen genutzt.

Der Polizist/die Polizistin muss unter Adrenalin stehend in Bruchteilen von Sekunden diese Situation einschätzen und angemessen darauf reagieren. Je nachdem, wie der Täter sein Gefährdungspotenzial gestaltet, wird der Polizist/die Polizistin dann unter Umständen zu seinem/ihrem eigenen Schutz keine andere Möglichkeit mehr sehen, als die Dienstwaffe einzusetzen.

Täter, die einen Schusswaffeneinsatz des Polizisten/der Polizistin provozieren wollen, haben oftmals eine polizeiliche Vorgeschichte. Sofern möglich, sollten die Beamten/Beamtinnen sich während der Fahrt zum Einsatzort so viele Informationen wie möglich von der Leitstelle einholen. Bereits am Telefon oder beim Eintreffen der Polizeibeamten/Polizeibeamtinnen vor Ort äußern derartige Täter/Täterinnen verbal den Willen, von den Polizeibeamten/Polizeibeamtinnen erschossen zu werden.

12.4 Suizid von Kollegen/Kolleginnen

Über Suizide von Polizeibeamten/Polizeibeamtinnen gibt es keine bundesweite frei veröffentlichte Statistik. In einzelnen Bundesländern lassen sich für einige Jahre statistische Zahlen und weitere Informationen recherchieren. Jedoch sind die Informationen uneinheitlich, teilweise lückenhaft und nur durch intensive Recherche in unterschiedlichen öffentlichen Quellen aufzufinden. Im nachfolgenden Text werden Informationen aus einigen Polizeien beispielhaft dargestellt; sie erheben keinesfalls einen Anspruch auf Vollständigkeit. Dadurch sind die Betrachtungszeiträume und die ermittelten Informationen unterschiedlich.

Zurückliegend gab es eine Seminararbeit des Absolventen der Polizeiführungsakademie (PFA) Stefan Mayer, der von 1991 bis 1998 Suizide in den Ländern (außer Berlin) und dem damaligen Bundesgrenzschutz untersuchte. Diese Arbeit wurde aber nur in Fachkreisen veröffentlicht. Die Gewerkschaft der Polizei veröffentlichte einige Erkenntnisse aus dieser Arbeit in ihrer Gewerkschaftszeitschrift „Die Polizei" [5]. Danach untersuchte Stefan Mayer in diesem Zeitraum 388 Suizide von Polizeibeamten/Polizeibeamtinnen. Er kommt zu dem Ergebnis, dass der Suizid bei Polizeibeamten/Polizeibeamtinnen ein männlich dominiertes Phänomen ist. So waren in den untersuchten Fällen nur 14 Fälle (4 %) Frauen. In den nachfolgend dargestellten statistischen Erhebungen aus der Bundespolizei und einigen Bundesländern bestätigt sich die Feststellung von Herrn Mayer, dass der Suizid von Polizeibeamten/Polizeibeamtinnen wesentlich häufiger von Männern als von Frauen begangen wird.

Auch über Suizide von Polizeibeamten/Polizeibeamtinnen wird gelegentlich in der Presse berichtet, analog zu Suiziden anderer Personen aber nur in besonderen Fällen.

Beispiel

Ein Fall, der in jüngster Vergangenheit besondere öffentliche Aufmerksamkeit erregte, war der einer 22-jährigen Polizeischülerin aus Hamburg. Die junge Frau wurde Ende November 2016 als vermisst gemeldet. Nach tagelanger Suche wurde eine weibliche Leiche im Sachsenwald gefunden, bei der es sich – wie die nachfolgenden Ermittlungen ergaben – um die Vermisste handelte. Der exakte Todeszeitpunkt ließ sich aufgrund der längeren Liegezeit im Wald durch die Rechtsmedizin nicht bestimmen. Anhaltspunkte für ein Fremdverschulden sind nicht ersichtlich gewesen. Die junge Beamtin erschoss sich mit ihrer Dienstwaffe. Sie wurde im Sachsenwald von ihren Kollegen/Kolleginnen aufgefunden.

12.4.1   Bayern

Zwischen 2011 und 2015 (Stand 20. Juni 2015) begingen bei der bayerischen Landespolizei 30 Polizeibeamte/Polizeibeamtinnen Suizid. Hiervon wurden 23 Selbsttötungen mit der Dienstwaffe begangen. Die Suizidfälle werden genau analysiert, um eine effiziente und Erfolg versprechende Suizidprävention hieraus abzuleiten. Problematisch ist regelmäßig die Erforschung des Motivs. Hier heißt in der o. g. schriftlichen Antwort [6] u. a.:

„Im Rahmen der kriminalpolizeilichen Ermittlungen und der Analyse der Fälle durch den Zentralen Psychologischen Dienst der Bayer. Polizei (ZPD) werden etwaig vorhandene Abschiedsbriefe ausgewertet und, sofern möglich, im Umfeld des Suizidenten nahe Angehörige, Freunde und Kollegen zu den möglichen Motiven befragt.Dabei wurden u. a. Schwierigkeiten im persönlichen Umfeld des Suizidenten wie zum Beispiel Ehe- bzw. Beziehungsprobleme, psychische Probleme oder psychische Erkrankungen, berufliche Krisen, finanzielle Probleme oder schwere (unheilbare) Krankheiten bekannt.

Jedoch lassen selbst Abschiedsbriefe die Motive für den Suizid in den seltensten Fällen klar erkennen. In sehr vielen Fällen liegen Schwierigkeiten in verschiedenen Lebensbereichen des Suizidenten vor und es gibt mehrere Auslöser für suizidale Handlungen. Über die Auswertung dieser subjektiven Wahrnehmungen ist nur eine Annäherung und keine fundierte wissenschaftlich belegbare Aussage über das bzw. die Motive von Suizidenten möglich."

12.4.2 Bundespolizei

In der Antwort der Bundesregierung auf eine kleine Anfrage [7], die bereits im Jahr 2010 veröffentlicht wurde, sind Suizidzahlen des Bundesgrenzschutzes/der Bundespolizei in den Jahren 2000 bis 2009 aufgeführt. In diesen zehn Jahren haben insgesamt 69 Mitarbeiter/Mitarbeiterinnen des Bundesgrenzschutzes/der Bundespolizei Selbstmord begangen. Darunter waren 67 Männer und 2 Frauen. Insgesamt waren es 63 Polizeivollzugsbeamte/-beamtinnen, die sich das Leben nahmen sowie 6 Mitarbeiter/Mitarbeiterinnen aus der Verwaltungslaufbahn bzw. Tarifbeschäftigte. 53 Polizeivollzugsbeamte/-beamtinnen gehörten der Laufbahn des mittleren Dienstes und 10 der Laufbahn des gehobenen Dienstes an. Die Gründe für Suizide wurden von diesen Fällen 4-mal im dienstlichen Bereich, 26-mal als unbekannt und 39-mal im privaten Bereich festgestellt.

Im Jahr 2017 gab es eine weitere Antwort auf eine Kleine Anfrage im Deutschen Bundestag [8], die sich mit dem Thema Suizid in der Bundespolizei und beim Zoll beschäftigt. Die Fragesteller legen hier teilweise andere Fragestellungen zugrunde als in der vorherigen kleinen Anfrage. Inhaltlich teilweise nicht plausibel erscheinen die Antworten auf die Fragen 6 und 7. So wird hier u. a. nach Selbsttötungsfällen in der Bundespolizei im Zeitraum von 2007 bis 2015 gefragt. Geantwortet wird, dass Zahlen im Sinne der Fragestellung nur von 2010 bis 2015 vorliegen. Dabei hat die o. g. Antwort auf die kleine Anfrage aus dem Jahr 2010 die erfragten Zahlen mit umfasst. In Bezug auf die Bundespolizei wird auch nicht darauf eingegangen, ob Hintergründe zum Motiv und zur Begehungsweise des Suizides bekannt sind. Insgesamt lässt sich feststellen, dass es im Zeitraum von 2010 bis 2015 insgesamt 43 Suizide von Beschäftigten der Bundespolizei gab. Davon waren 42 Personen männlich und 1 weiblich. 40 Personen gehörten dem

Polizeivollzugsdienst an, 2 waren Verwaltungsbeamte und 1 Person Tarifbeschäftigter. 10 Beamte/Beamtinnen gehörten der Laufbahn des gehobenen Polizeivollzugsdienstes und 30 Beamte der Laufbahn des mittleren Polizeivollzugs-dienstes an. Die beiden Verwaltungsbeamten waren ebenfalls Angehörige des mittleren Dienstes.

Nicht nachvollziehbar ist, warum seitens der Bundesregierung keine Angaben zur Art und Weise der Suizidbegehung der Mitarbeiter/Mitarbeiterinnen der Bundespolizei gemacht werden. Bei den Mitarbeitern/Mitarbeiterinnen des Zolls werden hingegen Angaben zur Suizidbegehung gemacht.

12.4.3   Niedersachsen

In der Antwort auf eine kleine Anfrage führt die Landesregierung in Niedersachsen aus, dass es von 2013 bis 2016 insgesamt 17 Suizide in der Landespolizei gab. In den Jahren 2015 und 2016 kam es dabei mit je 6 Fällen zu einem deutlichen Anstieg im Vergleich zu den Vorjahren (2013: 2 Fälle, 2014: 3 Fälle). In allen aufgeführten Fällen wird ein dienstlicher Zusammenhang verneint [9].

12.4.4   Nordrhein-Westfalen

In Nordrhein-Westfalen gibt es aufgrund mehrerer kleiner Anfragen [10–12] an die Landesregierung diverse veröffentlichte Statistiken in Landtagsdrucksachen. Die einzelnen Übersichten haben unterschiedliche Informationsgehalte, die mit den nachfolgenden Diagrammen aufgeschlüsselt werden sollen. Insgesamt haben sich von 2002 bis 2015 100 Polizeibeamten/Polizeibeamtinnen des Landes Nordrhein-Westfalen das Leben genommen. Aufgrund der in den o. g. Landtagsdrucksachen enthaltenen Informationen soll anhand der Polizei des Landes Nordrhein-Westfalen nachfolgend eine detailliertere Betrachtung des Phänomens Suizid erfolgen.

Abb. 12.2 stellt die Altersstruktur der Suizide von 2002 bis 2012 dar. In dieser Zeitspanne nahmen sich insgesamt 82 Beamte/Beamtinnen das Leben. Die meisten Suizidenten gab es in der Altersspanne zwischen 40 und 54 Lebensjahren. Bei 8 Beamten/Beamtinnen war das Lebensalter nicht bekannt.

Abb. 12.3 stellt im gleichen Zeitraum das Verhältnis zwischen der Anzahl männlicher und weiblicher Suizidenten in der Polizei Nordrhein-Westfalen dar. Von den insgesamt 82 Selbstmördern waren 72 männlich und 10 weiblich. Hier zeigt sich, dass in dieser Vergleichsgruppe und in diesem Zeitraum ein deutlich männlich dominiertes Phänomen ist. In der Gesamtbevölkerung ist der Suizid ebenfalls überwiegend männlich dominiert, allerdings nicht mit dem Proporz, wie wir ihn in dieser Polizei finden. Dies dürfte damit zu erklären sein, dass das Geschlechterverhältnis in der Polizei ein anderes ist als bezogen auf die Gesamtbevölkerung.

Wie bereits o. a. enthalten die veröffentlichten Statistiken unterschiedliche Informationsgehalte. So sind Angaben über die gewählte Todesart nur in den Jahren 2010 bis 2015 verfügbar (Abb. 12.4). In diesem Zeitraum begingen insgesamt 44 Beamte/Beamtinnen der Polizei Nordrhein-Westfalen Suizid. Von diesen Beamten/Beamtinnen nahmen sich 28 mit ihrer Dienstwaffe und 2 mit einer Waffe (Revolver) das Leben. Dieser Umstand hängt wahrscheinlich damit zusammen, dass Polizeibeamte i. d. R. über ihre Dienstwaffe verfügen können. In der restlichen Bevölkerung haben (bezogen auf Schusswaffen im legalen Besitz) nur ausgewählte Personen Zugriff auf Waffen und Munition. Ein Vergleich mit der Statistik aller Suizide in Deutschland ergibt, dass sich Polizeibeamten/Polizeibeamtinnen häufiger mit Schusswaffen das Leben nehmen. Dies hängt damit

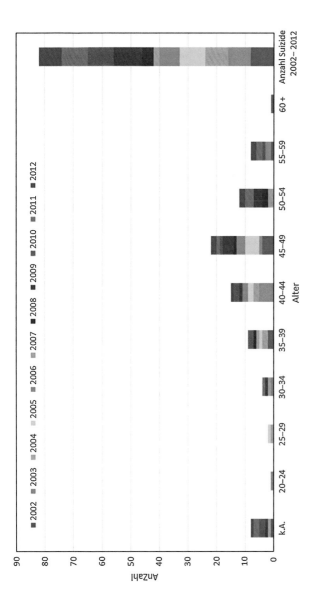

Abb. 12.2   Suizide in der Landespolizei Nordrhein-Westfalen in den Jahren 2002 bis 2012 nach Altersstruktur [11]

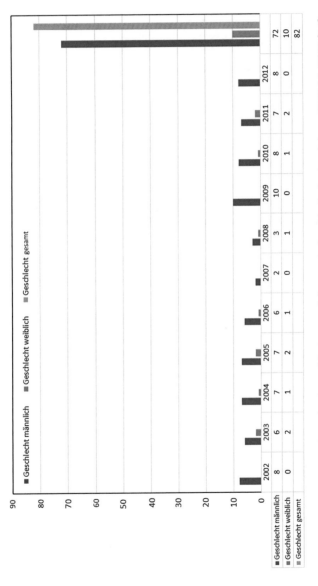

Abb. 12.3 Suizide in der Landespolizei Nordrhein-Westfalen nach Geschlecht in den Jahren 2002 bis 2012 [11]

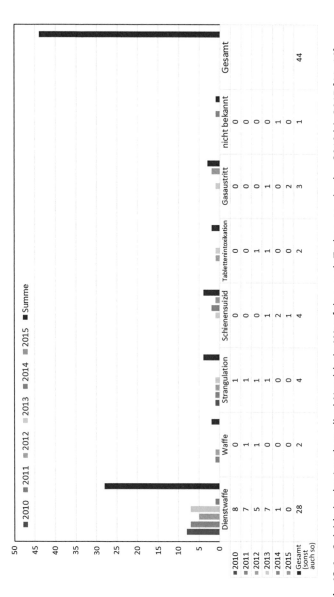

Abb. 12.4 Suizide in der Landespolizei Nordrhein-Westfalen nach Todesarten in den 2010 bis 2015 [11, 16]

zusammen, dass sie aufgrund ihres Berufs Zugriff auf dienstliche Schusswaffen haben.

Zuletzt sollen sowohl die Angaben zum Ort des Suizids als auch die Angaben zum Motiv der betroffenen Beamten/Beamtinnen ausgewertet werden (Abb. 12.5). Wie bereits oben ausgeführt, gab es im Zeitraum 2010 bis 2015 insgesamt 44 Suizide. Davon ereigneten sich 19 im öffentlichen Raum, 16 im Wohnumfeld, 8 im Dienstgebäude und 1 in der Wohnung. In 25 Fällen wurde ein privates Motiv angenommen, in 18 wurde das Motiv als unbekannt eingestuft und in einem Fall wurde explizit ein dienstliches Motiv vermerkt. Zum Thema Motiv werden im weiteren Text Ausführungen folgen, da dieses Thema alle Polizeibeamten/Polizeibeamtinnen betrifft, die Suizid begangen haben.

12.4.5 Blick über die Grenze nach Österreich

Im SIAK-Journal 2/2008 [13] wurde die Auswertung von Suiziden in der österreichischen Sicherheitsexekutive in den Jahren 1996 bis 2006 veröffentlicht. Durch diese Untersuchung sind unterschiedliche Betrachtungsfaktoren mit eingeflossen, von denen nachfolgend einige dargestellt werden. In diesem Zeitraum wurden insgesamt 91 Suizide in der österreichischen Polizei erfasst. Davon wurden 90 von männlichen Angehörigen und 1 Suizid von einer weiblichen Angehörigen der österreichischen Sicherheitsexekutive begangen. Als Suizidmethode wurde 71-mal Erschießen, 13-mal Erhängen und 7-mal andere Methoden gewählt. Beim Erschießen wurde häufiger die Dienstwaffe als eine private Waffe benutzt. Die suizidierten Polizisten waren im Durchschnitt 19,3 Jahre im Dienst. Die meisten Suizide betrafen Beamte, die zwischen 15 und 30 Dienstjahren vorweisen konnten. Das durchschnittliche Alter der

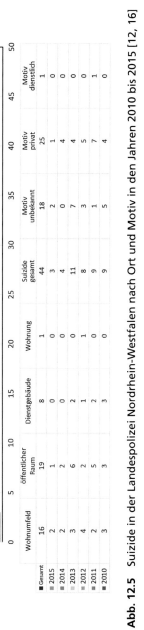

	Wohnumfeld	öffentlicher Raum	Dienstgebäude	Wohnung	Suizide gesamt	Motiv unbekannt	Motiv privat	Motiv dienstlich
Gesamt	16	19	8	1	44	18	25	1
2015	2	1	0	0	3	2	1	0
2014	3	2	0	0	4	0	4	0
2013	3	6	2	0	11	7	4	0
2012	4	2	1	1	8	3	5	0
2011	2	5	2	0	9	1	7	1
2010	3	3	3	0	9	5	4	0

Abb. 12.5   Suizide in der Landespolizei Nordrhein-Westfalen nach Ort und Motiv in den Jahren 2010 bis 2015 [12, 16]

Betroffenen war 41,9 Jahre. Dabei waren das Lebensalter von 45 Jahren sowie der Altersbereich von 53 bis 54 Jahren auffällig häufig vom Suizid betroffen. Das Lebensalter korrespondiert mit der durchschnittlich ermittelten Dienstzeit. Ebenfalls in die Betrachtungen einbezogen wurde auch der Familienstand: so waren 46,2 % der Suizidenten verheiratet, 27,4 % geschieden bzw. getrennt lebend und 23,1 % ledig bzw. alleinstehend. Die Motive für die Suizide konnten nur bedingt aussagekräftig untersucht werden. Ein überwiegender Teil der Gründe wird im privaten Bereich vermutet; nur in 6 Fällen sollen dienstliche Gründe ausschlaggebend gewesen sein.

12.4.6 Erweiterter Suizid oder Mitnahmesuizid

Prof. Dr. Klaus Foerster von der Universitätsklinik Tübingen fasste zum Begriff des erweiterten Suizids zusammen: „Der Begriff „erweiterter Suizid" wird uneinheitlich definiert und uneinheitlich angewandt. Daher erscheint dieser Begriff nicht zweckmäßig. Entsprechende Handlungen sollten nach rein formalen Kriterien als Tötung mit nachfolgendem Suizid bzw. als Tötung mit nachfolgendem Suizidversuch beschrieben werden. Bei der Beurteilung sind die Befunderhebung und die Befundinterpretation streng voneinander zu trennen. Entscheidender Parameter bei der forensisch-psychiatrischen Beurteilung ist das psychopathologische Referenzsystem, nicht eine mögliche psychodynamische Interpretation" [14].

Erweiterte Suizide treten deutlich weniger auf als der gewöhnliche Suizid. Diese wenigen Fälle werden jedoch in der Öffentlichkeit eher wahrgenommen, da die Medien in den meisten Fällen hierüber berichten. Da die Polizei ein Querschnitt der Gesellschaft ist, kommen hin und wieder auch Fälle vor, in die Polizisten/Polizistinnen involviert sind.

Ein aktuelles Beispiel ereignete sich am 16. März 2017 in Emmendingen/Baden-Württemberg. Nach einer gemeinsamen Pressemitteilung der Staatsanwaltschaft Freiburg und des Polizeipräsidiums Freiburg wurde am 16. März 2017 ein Polizeibeamter mit seiner Ehefrau und seinem Hund durch einen Kollegen tot aufgefunden. Nach der rechtsmedizinischen Untersuchung wurde als wahrscheinlicher Tatablauf angenommen, dass der Polizeibeamte zuerst seine Ehefrau und den Hund sowie anschließend sich selbst mit einer Schusswaffe tötete. Als wahrscheinliches Motiv werden Beziehungsprobleme des Ehepaares angenommen [15]. In mehreren Presseartikeln zu diesem Sachverhalt wird darüber berichtet, dass es sich bei der Schusswaffe um die Dienstwaffe des Beamten gehandelt haben soll.

Da in diesem Fall der Täter verstorben ist, werden die polizeilichen Ermittlungen eingestellt, da gegen Tote kein Ermittlungsverfahren geführt wird.

12.4.7 Motive für einen Suizid

Das Motiv für einen Suizid – nicht nur bezogen auf Polizeibeamte/Polizeibeamtinnen – wird sich in vielen Fällen nicht abschließend ermitteln lassen. Eigentlich ist ermitteln sogar schon das falsche Wort, weil es bei einem polizeilichen Todesermittlungsverfahren auch nicht um diese Zielstellung geht. Hier geht es um die Frage, ob eine vorsätzliche Selbstbeschädigung vorlag und ein Fremdverschulden auszuschließen ist. Es ist nicht Aufgabe der Polizei, das Motiv für einen Suizid zu ermitteln. Es obliegt den Angehörigen und dem Umfeld der verstorbenen Personen, das Motiv des aus dem Leben Geschiedenen zu ergründen. Manchmal gibt es nachvollziehbare Erklärungen, wie z. B. eine schwere Erkrankung. Oftmals ist es für die Zurückgebliebenen aber nicht nachvollziehbar, warum ein Mensch aus dem Leben scheiden wollte.

In Statistiken zu Suiziden von Polizisten ist häufig zu lesen, dass das Motiv für den Suizid rein privater Natur sei. Diese Feststellung ist nach Auffassung der Verfasserin durchaus fragwürdig. Ein Mensch lässt sich nicht ausschließlich in eine private und eine dienstliche Seite aufsplitten. Beide Seiten korrespondieren miteinander; sie machen eine Persönlichkeit und das Leben während der Berufstätigkeit aus. Entscheidend ist, dass die unterschiedlichen Lebensbereiche in einer Balance zueinander stehen. Kommt es auf der einen Seite zu einer vorübergehenden Dysbalance, so kann der andere Teil des Lebens diese häufig wieder ausgleichen. Die meisten gesunden Menschen entwickeln oder erlernen hierfür Strategien (Copingstrategien).

Jeder Lebensbereich strahlt auf den anderen aus, und erst wenn beide Lebensbereiche durch diese gegenseitige Ausstrahlung in eine deutliche Schieflage kommen, geraten Menschen in eine Abwärtsspirale, aus welcher sie sich häufig nicht mehr befreien können. Dies wird teilweise durch Erkrankungen (z. B. Depressionen, Burnout) oder durch eine falsche Scham begünstigt, vorhandene Hilfsangebote wahrzunehmen.

12.4.8 Suizid – die Zurückgelassenen

Entschließt sich ein Mensch dazu, durch „vorsätzliche Selbstbeschädigung" aus dem Leben zu scheiden, bleiben regelmäßig Menschen zurück. Dies sind bei Polizeibeamten/Polizeibeamtinnen sowohl Familienangehörige als auch Kollegen/Kolleginnen. Wie bereits o. a. ist es für diese Zurückgelassenen in vielen Fällen nicht nachvollziehbar, warum sich „ihr" Angehöriger, Bekannter oder Kollege dazu entschieden hat, aus dem Leben zu scheiden. Diese Ungewissheit ist sowohl für die Kollegen/Kolleginnen als auch die Familienangehörigen quälend.

Hinterlässt der Suizident/eine Suizidentin einen Abschiedsbrief oder eine Erklärung in anderer Form, so kann darin anderen Menschen die Schuld für diesen Schritt zugewiesen werden. Dies ist dann für den bezichtigten Menschen besonders belastend, weil er keine Chance mehr hat, die Problematik zu klären. Manchmal entschließen sich Suizidenten/Suizidentinnen sogar, die aus ihrer Sicht die Suizidhandlung auslösende Person an ihrem Tod partizipieren zu lassen.

> So gab es vor vielen Jahren eine Polizeibeamtin, die sich zu einem Schienensuizid entschloss. Während sich der Zug annäherte rief sie ihren ehemaligen Lebensgefährten an und zwang ihn so, akustisch an ihrem Tod teilzuhaben. Dass ein derartiges Erleben für den Betroffenen hoch traumatisch ist, dürfte außer Frage stehen.

Hätten Menschen aus dem beruflichen und/oder Umfeld des Suizidenten/einer Suizidentin erkennen können oder sogar müssen, dass sich der Betroffene das Leben nehmen wird? Dies ist eine schwierige Fragestellung, die nicht eindeutig zu beantworten ist. Manchmal gibt es einen spontanen Auslöser, der „das Fass zum Überlaufen bringt"; diesen kann man wahrscheinlich nicht erkennen. In anderen Fällen gibt es verdeckte Hilferufe, die erkennbar sein könnten. Die Zurückgelassenen sollten vermeiden, darüber zu viel zu grübeln. Für psychologische Laien ist es vielfach schwierig, eine Suizidabsicht zu erkennen.

12.4.9 Schlussfolgerungen

Suizide in der Polizei sind meldepflichtige Ereignisse und werden mit WE-Meldungen (Meldung eines wichtigen Ereignisses) in die Behördenhierarchie gemeldet. Fraglich ist, ob diese WE-Meldungen lediglich bearbeitet und zur Kenntnis genommen und bereits nach kurzer Zeit abgelegt werden. Oder ob sich die jeweiligen Polizeibehörden unter Einbeziehung der Fachschienen weitergehend mit diesen auseinandersetzen und die Erkenntnisse z. B. für die Entwicklung von Präventionsstrategien nutzen.

Suizidversuche werden statistisch nicht erfasst. Letztlich bleibt es auch dem Zufall überlassen, ob der Dienstherr von einem solchen Versuch überhaupt Kenntnis erlangt.

In der Polizeikultur hat sich in den vergangenen Jahren vieles schon zum Positiven verändert, wobei diese Änderungsprozesse noch optimierungsfähig sind. Das Konfliktmanagement wurde in einigen Polizeien bereits modernisiert und damit auch die Fehlerkultur verändert.

Auch gibt es mittlerweile eine Bund-Länder-Arbeitsgruppe zur Suizidprävention in der Polizei und entsprechende Seminarveranstaltungen an der Deutschen Hochschule der Polizei. Es bleibt zu hoffen, dass damit langfristig Änderungsprozesse in der Fehlerkultur der Polizei in Gang gesetzt werden.

Es steht auch jedem Polizisten/jeder Polizistin frei, sich an eine Person oder Institution ihres Vertrauens zu wenden. Hierzu gibt es bundesweit unterschiedlichste Möglichkeiten, wie z. B. die Telefonseelsorge, ein Arzt oder Seelsorger des persönlichen Vertrauens, Ansprechstellen aus örtlichen Suizidpräventionsprogrammen. Dies ist zum einen eine Frage persönlicher Präferenzen und zum anderen auch die Frage, was der Ursprung der suizidalen Gedanken ist. Diese können z. B. durch Erkrankungen wie Depressionen, aber auch durch unterschiedlichste Lebenssituationen entstehen. Jeder Mensch empfindet seine Lebenssituation verschieden, und die persönliche Resilienz, also die persönliche Widerstandsfähigkeit von Menschen, ist sehr unterschiedlich ausgeprägt. Gerade in Situationen, in denen die Gedanken eines Menschen nur noch um eine Sache kreisen, die als ausweglos empfunden wird, sollte sich der Betreffende rechtzeitig um Hilfestellung bemühen. Wenn eine als ausweglos empfundene Situation mit einem anderen Menschen erörtert wird besteht häufig die Möglichkeit, Ansatzpunkte für eine Problemlösung zu finden und sich aus der negativen Gedankenwelt zu lösen. Ein verzweifelter Mensch kommt oftmals nicht auf die einfachsten Lösungen, weil er durch seine Empfindungen in der Denkstruktur gehemmt ist.

Es gibt heute sowohl innerhalb der Polizeien als auch außerhalb derselben eine Vielzahl von Hilfsangeboten. Allerdings muss der/die Betroffene innerlich bereit sein, diese Hilfe zu suchen und anzunehmen.

12.5 Tötungsdelikte

Tötungsdelikte sind schwierige und aufwendige Ermittlungsverfahren. In der Polizeilichen Kriminalstatistik [17] fallen sie unter Gewaltdelikte, und es zählen dazu die Straftaten Mord, Totschlag und Tötung auf Verlangen. Im Jahr 2018 gab es statistisch 2471 Tötungsdelikte mit 2823 Tatverdächtigen. Von diesen Tatverdächtigen waren 1609 deutsche und 1214 nichtdeutsche Personen. Im Vergleich zum Jahr 2017 sind die Zahlen leicht angestiegen. Die Aufklärungsquote bei Tötungsdelikten ist besonders hoch: Sie lag 2018 bei 96,1 %. Tötungsdelikte sind in der sachlichen Zuständigkeit der Länderpolizeien. Die Bundespolizei hat bei diesen Tatbeständen keine originäre Zuständigkeit.

Im Vergleich mit anderen Deliktsfeldern liegt die Aufklärungsquote bei Tötungsdelikten sehr hoch. Dies lässt sich mit dem erheblichen betriebenen Ermittlungsaufwand erklären. Bei einem erkannten Tötungsdelikt wird der Sicherungs- und Auswertungsangriff am Tatort besonders aufwendig durchgeführt. Die Leiche wird regelmäßig obduziert und weiteren rechtsmedizinischen Untersuchungen unterzogen, um möglichst viele Spuren zu sichern. Die heutigen kriminaltechnischen und rechtsmedizinischen Untersuchungsmethoden bieten viele Auswertungsmöglichkeiten, die vor einigen Jahren noch nicht denkbar waren. Werden bei einem Tötungsdelikt Spuren gesichert, die nach dem heutigen Stand der Technik (noch) nicht ausgewertet werden können, so werden diese Spuren asserviert. Da Mord nicht verjährt, besteht mit dem technischen Fortschritt ggf. Jahre später die Möglichkeit, aus den gesicherten Spuren neue Ermittlungsansätze zu generieren. Die Nutzung bildgebender Verfahren in der Rechtsmedizin hat neue Möglichkeiten erschlossen. So können mit einer Computertomografie vor der Obduktion dreidimensionale Aufnahmen des gesamten Körpers hergestellt werden. Dazu muss die Leiche nicht zerstört werden, sie wird im kompletten Zustand durch die Computertomografie erfasst. Dies ermöglicht z. B., Schusskanäle im Körper zu rekonstruieren oder Aufschlüsse über das Tatwerkzeug zu erlangen. Sind Leichen in Gegenstände eingeschlossen, so kann die Auffindesituation dieser Toten z. B. in einer Holzkiste oder einem Koffer dargestellt werden. Diese Aufnahmen sind somit eine hervorragende Ergänzung zu einer herkömmlichen Obduktion.

Für die Beamten/Beamtinnen, die das Opfer eines po-
tenziellen Tötungsdeliktes auffinden, ist dies eine in viel-
facher Hinsicht anspruchsvolle Situation. Von dem besonnenen Handeln dieser zuerst eintreffenden Beamten/
Beamtinnen hängt die weitere erfolgreiche Spurensuche ab,
denn Spuren, welche einmal zerstört sind, können nicht
wiederhergestellt werden. Auch potenzielle Zeugen, die
sich ohne Erfassung ihrer Personalien vom Ereignisort
entfernen, sind möglicherweise später nicht mehr oder nur
mit erheblichem Aufwand auffindbar. Gerade bei widrigen
Witterungsbedingungen ist es daher wichtig, zur richtigen
Zeit die richtigen Maßnahmen zu treffen. Dazu gehört im
Übrigen auch, die Veränderungen festzustellen, die z. B. von
Rettungskräften bei der Reanimation und vom Arzt bei der
Todesfeststellung verursacht worden sind. Diese ersten
Maßnahmen können jeden Streifenbeamten/jede Streifen-
beamtin betreffen, da die speziell ausgebildeten Angehöri-
gen des Kriminaldauerdienstes oft erst nach den unifor-
mierten Streifenbeamten/Streifenbeamtinnen eintreffen.

> Von den ersten Beamten/Beamtinnen am Ereignisort wird
> ein besonders umsichtiges Handeln verlangt. Die Grund-
> sätze „Ruhe bewahren" und „Überblick verschaffen" einzu-
> halten, ist hier oberstes Gebot. Danach müssen alle unauf-
> schiebbaren Maßnahmen getroffen werden, um Spuren zu
> erhalten.

Daher ist es z. B. wichtig, die für eine Streifenfahrt notwendigen Führungs- und Einsatzmittel im Streifenwagen
mitzuführen, um auch für derartige Aufgaben eine Grund-
ausstattung verfügbar zu haben.

Gerade bei Tötungsdelikten kommt es häufig durch die
Täter zu einer immensen Gewaltentwicklung, so dass der
Ereignisort und/oder die Leiche einen unschönen und

psychisch nicht leicht zu verarbeitenden Anblick bieten. Diese Situation sollte zumindest mit dem Streifenpartner/ mit der Streifenpartnerin oder auch im größeren Rahmen einer Dienstgruppe nachbesprochen werden. Diese Nachbesprechung ist ein wichtiger Teil der psychischen Verarbeitung derartiger Situationen.

> Sollte ein Beamter/eine Beamtin nicht in der Lage sein, diese Bilder in einer angemessenen Zeit selbst zu verarbeiten, ist es keine Schande, sich professioneller Hilfe zu bedienen!

Gerade junge und auch andere mit Tötungsdelikten unerfahrene Kollegen/Kolleginnen sollten von erfahrenen Kollegen/Kolleginnen in derartigen Situation unterstützt werden. Voraussetzung ist aber immer, dass sich diese Kollegen/Kolleginnen auch helfen lassen wollen.

Literatur

1. Gesundheit – Todesursachen in Deutschland 2015, Fachserie 12, Reihe 4, Zeitreihe 1, Auszug, Statistisches Bundesamt (Destatis), 2017
2. Gesundheit – Todesursachen in Deutschland 2015, Fachserie 12, Reihe 4, Tabelle 2.1.1, Pos. Nr. X60-X84 der ICD-10, Statistisches Bundesamt (Destatis), 2017
3. Gesundheitsberichterstattung der Länder (GBE), Sterbefälle, Sterbeziffern (je 100.00 Einwohner, altersstandardisiert) ab 1998 Gliederungsmerkmale: Jahre, Region, Alter, Geschlecht, Nationalität, ICD-10, Art der Standardisierung
4. Eisenbahnbundesamt, Untersuchungszentrale der Eisenbahn-Unfalluntersuchungsstelle des Bundes, VMS-Nr. 256156 vom 10.11.2009, Geschäftszeichen 6010 U-60uv/007-9101#002
5. Deutsche Polizei, Zeitschrift der Gewerkschaft der Polizei, Nr. 4, April 2006

6. Bayerischer Landtag, 17. Wahlperiode, Drucksache 17/7932 vom 23.10.2015, Antwort auf eine schriftliche Anfrage

7. Deutscher Bundestag, 17. Wahlperiode, Drucksache 17/1565 vom 05. 05.2010

8. Deutscher Bundestag, 18. Wahlperiode, Drucksache 18/12233 vom 04.05.2017

9. Niedersächsischer Landtag, 17. Wahlperiode, Drucksache 17/7562, schriftliche Antwort auf die kleine Anfrage Drucksache 17/7353

10. Landtag Nordrhein-Westfalen, 15. Wahlperiode, Drucksache 15/3857

11. Landtag Nordrhein-Westfalen, 16. Wahlperiode, Drucksache 16/4046

12. Landtag Nordrhein-Westfalen, 16. Wahlperiode, Drucksache 16/8676

13. Stein C, Kapusta ND (2008) Suizide in der österreichischen Sicherheitsexekutive. Statistische Auswertungen 1996–2006. SIAK-Journal – Z Polizeiwiss polizeiliche Prax (2):4–14. https://doi.org/10.7396/2008_2_A

14. Foerster K (2009) Extended suicide: a problematic term. Nervenarzt 80:1078. https://doi.org/10.1007/s00115-009-2832-z

15. Gemeinsame Pressemitteilung der Staatsanwaltschaft Freiburg und des Polizeipräsidiums Freiburg vom 17.03.2017

16. Landtag Nordrhein-Westfalen, 16. Wahlperiode, Drucksache 16/10940

17. Bundeskriminalamt (BKA), Polizeiliche Kriminalstatistik (PKS) 2018

13

Unfälle

Auch im Polizeidienst kommt es zu Unfällen, die mit Verletzungen oder dem Tod enden. Fast jeder Polizeibeamte/ jede Polizeibeamtin hat schon einmal tödliche Unfälle in ihrem näheren kollegialen Umfeld erlebt. Teilweise sind dies Unfälle, die sich auf dem Weg zum Dienst oder auf dem Heimweg nach dem Dienst ereignen. Ein anderer Teil sind Unfälle, die im aktiven Dienst passieren.

13.1 Dienstunfälle

Der Polizeiberuf ist eine gefahrengeneigte Tätigkeit. Daher kommt es im Dienst auch immer wieder zu Unfällen, die leider auch manchmal tödlich verlaufen. Dienstunfälle sind in den jeweiligen Beamtenversorgungsgesetzen legal definiert, wie z. B. für die Bundesebene in § 31 BeamtVG. Unterschieden wird dann noch in qualifizierte Dienstunfälle

© Springer Fachmedien Wiesbaden GmbH, ein Teil von Springer Nature 2020
N. Bernstein, *Der Anti-Stress-Trainer für Polizisten*, Anti-Stress-Trainer, https://doi.org/10.1007/978-3-658-12475-5_13

und Dienstunfälle. Ein qualifizierter Dienstunfall tritt dann ein, wenn der Dienstunfall bei der Wahrnehmung einer hoheitlichen Tätigkeit eintritt. Die Versorgungsansprüche nach einem qualifizierten Dienstunfall sind besser als nach einem Dienstunfall.

> **Beispiel**
>
> In der Nacht zum 07. Juni 2019 observierten hessische Polizeikräfte eine Einbrecherbande. Diese befand sich schon länger im Visier der Ermittlungsbehörden. In dieser Nacht wurde ein Zugriff gegen vier Personen durchgeführt. Zwei Personen konnten festgenommen werden. Zwei weitere Personen flüchteten und wurden von zwei Polizeibeamten auf frischer Tat verfolgt. Die wilde Flucht führte über Bahngleise. Ein Beamter wurde während der Verfolgung von einem Güterzug erfasst und tödlich verletzt. Er verstarb noch auf den Bahngleisen. Der Beamte hinterlässt Frau und Kind. Die Polizeistiftung hat für die Angehörigen ein Spendenkonto eingerichtet.

Dieses Beispiel soll verdeutlichen, wie ein Unfall Polizeibeamte/Polizeibeamtinnen plötzlich aus dem Leben reißen kann.

Glücklicherweise sind tödliche Dienstunfälle relativ selten. Doch die Folgen für die Hinterbliebenen sind dramatisch. Hier sind nicht nur die persönliche Verlustsituation, sondern auch die finanziellen Folgen gemeint. Gerade bei dienstjüngeren Beamten/Beamtinnen sind die gesetzlichen Versorgungsansprüche noch nicht allzu hoch. Dies trifft insbesondere junge Familien, in denen der Polizeibeamte/die Polizeibeamtin der Allein- oder Hauptverdiener war, besonders hart. Gerade wenn z. B. noch Wohneigentum mit hohen Krediten belastet ist, kann dies schnell zu nicht mehr zu erfüllenden finanziellen Verpflichtungen führen. Bei Wohneigentum endet das regelmäßig mit dem Verkauf bzw. einer Zwangsversteigerung. Gerade wenn eine Veräußerung unter finanziellem Druck notwendig wird, ist der erzielte Preis oft unter Wert, und damit bleiben hohe Schulden zurück. Diese finanzielle Belastung muss dann noch neben dem persönlichen Verlust geschultert werden, was schnell zu einer Überforderung führt.

> Daher sollte jeder Polizeibeamte/jede Polizeibeamtin für seine/ihre persönliche Vorsorge Regelungen treffen. Dies ist umso wichtiger, wenn eine eigene Familie gegründet wurde. Diese Vorsorge umfasst nicht nur finanzielle Absicherungen, sondern auch eine Vorsorgevollmacht und eine Patientenverfügung. Hierbei ist zur Rechtssicherheit dringend empfehlenswert, nicht nur ein Standardformular aus dem Internet auszufüllen, sondern eine notariell beglaubigte Verfügungslage zu schaffen, die dann noch im zentralen Vorsorgeregister hinterlegt werden sollte.

Der vorstehende Tipp ist im Übrigen nicht nur auf den tödlichen Unfall bezogen. In den o. g. Verfügungen und Vollmachten werden z. B. auch Regelungen für schwere Erkrankungen getroffen, wenn die betroffene Person nicht mehr bewusst handlungsfähig ist. Diese Regelungen geben den Angehörigen und den Ärzten/Ärztinnen Aufschluss über den Patientenwillen/Patientinnenwillen. Dies wird in einem akuten Notfall nicht zum Tragen kommen: Hier geht die Rettung vor. Bei der späteren Behandlung können sich dann Angehörige und Ärzte/Ärztinnen an diesen Ausführungen orientieren. Insofern ist es sinnhaft, diese Inhalte mit der Familie vertrauensvoll zu besprechen. Dies erhöht die Wahrscheinlichkeit, dass der Patientenwille/Patientinnenwille dann auch tatsächlich umgesetzt wird.

Junge Menschen neigen dazu, diese Regelungen für sich noch nicht treffen zu wollen, weil sie vermeintlich ein langes und gesundes Leben vor sich haben. Da Unfälle vor keinem Alter halt machen, sollten auch junge Menschen schon über dieses ernste Thema nachdenken.

13.2 Unfälle mit dienstlichen Schusswaffen

Polizeibeamte/Polizeibeamtinnen gehen im Dienst und auch teilweise außerhalb des Dienstes regelmäßig mit ihren dienstlich zugewiesenen Schusswaffen um. Beim Umgang mit Schusswaffen ist immer eine erhöhte Aufmerksamkeit gefordert, da sie geeignet sind, tödliche Verletzungen zuzufügen. Es gibt die sogenannten „Zehn goldenen Regeln im Umgang mit Schusswaffen und Munition". Wer diese Regeln, die bereits in der Ausbildung vermittelt werden, beachtet, kann damit viele Unfallgefahren vermeiden.

Eine häufige Unfallgefahr besteht in Handhabungsfehlern durch den Waffenträger. Dabei müssen es nicht immer tödliche Unfälle sein, die aus derartigen Fehlern entstehen. Gerade eine ungewollte Schussabgabe ist aber mit hoher Wahrscheinlichkeit dazu geeignet, sich selbst oder andere Menschen zu verletzen und im ungünstigsten Fall sogar zu töten.

Ein klassischer Handhabungsfehler ist z. B. die falsche Reihenfolge beim Entladen der Pistole. Richtig ist, zuerst das gefüllte Magazin aus der Waffe zu entnehmen. Dann wird der Verschluss in die rückwärtige Stellung gebracht. Dabei die im Patronenlager befindliche Patrone ausgeworfen und aufgefangen und das Patronenlager auf eine verbliebene Patrone kontrolliert. Soll die Waffe entladen bleiben, so darf beim Vorschnellen lassen des Verschlusses kein Magazin eingeführt werden. Beim Handhabungsfehler verbleibt das gefüllte Magazin in der Waffe. Der Verschluss wird in die rückwärtige Stellung gezogen, eine Patrone wird ausgeworfen. Schaut der Waffenführende jetzt nicht aufmerksam hin, wird er die Patrone im Magazin nicht wahrnehmen, die in die Verschlussbahn ragt. Er/sie wird nur wahrnehmen, dass das Patronenlager frei ist. Wenn jetzt der Verschluss wieder nach vorne schnellt, wird aus dem in der Waffe verbliebenen gefüllten Magazin eine neue Patrone in das Patronenlager eingeführt und damit ist die Waffe geladen! Der Waffenführende wird aber bei der beschriebenen fehlerhaften Handhabung irrig annehmen, dass die Waffe entladen ist. In Verbindung mit weiteren Handhabungsfehlern kann so die Basis für eine ungewollte Schussabgabe gelegt werden. Wenn nur die Grundregel beachtet würde, eine Waffe immer als geladen zu betrachten und diese niemals grundlos auf andere Menschen zu richten, dann könnten folgenschwere Unfälle vermieden werden.

Diese Beschreibung ist unbedingt losgelöst von den nachfolgenden Beispielen tödlicher Schussabgaben zu betrachten.

Beispiel

Ein tragischer Unfall ereignete sich am 26. November 2018 im Polizeipräsidium Bonn. Hier wurde ein 23-jähriger Polizeibeamter von einem 22-jährigen Polizeibeamten durch einen Schuss durch den Hals verletzt. Der Beamte verstarb am 10. Dezember 2018 an den Folgen seiner Verletzung. Der 22-jährige Beamte wurde von der Staatsanwaltschaft Bonn wegen des Verdachts der fahrlässigen Tötung angeklagt. Für die Tat gibt es keine Augenzeugen. Erst unmittelbar nach der Schussabgabe kamen andere Beamte hinzu, um dem Verletzten erste Hilfe zu leisten. Es gibt unterschiedliche Hypothesen zum Tathergang; dieser wird im Gerichtsverfahren zu ermitteln sein.

Dieser Unfall hat bei den Kollegen und Kolleginnen des Getöteten große Betroffenheit ausgelöst. Eine psychologische Betreuung der Beamten/Beamtinnen erfolgte. Der junge Mann wurde im Gerichtsverfahren im September 2019 wegen fahrlässiger Tötung zu zwei Jahren Haft auf Bewährung verurteilt. Der vorsitzende Richter führte in seiner Urteilsbegründung u.a. aus, dass eine vollständige Aufklärung der Tat unmöglich sei. Dies stellt für die Hinterbliebenen eine besondere persönliche Belastung dar.

Ein anderer Fall trug sich in der Nacht vom 11. Auf den 12. Januar 2018 in Bad Langensalza in Thüringen zu.

Beispiel

Ein 22-jähriger Beamter der Bundespolizei fuhr von seiner Dienststelle in München mit der Bahn zu einem Freund nach Bad Langensalza. Dabei führte er seine Dienstwaffe mit Munition mit. Anschließend übergab er seine Dienstwaffe mit der Munition an seinen 22-jährigen Freund zur Aufbewahrung, der sie in einer Kommode im Schlafzimmer einschloss. Die beiden jungen Männer tranken reichlich Alkohol. In der Nacht hat dann der Freund des Bundespolizisten mit der Waffe herumgespielt. Dabei löste sich ein Schuss, der die 34-jährige Lebensgefährtin im Oberkörper traf. Der von den Männern herbeigerufene Rettungsdienst konnte nur noch den Tod der Frau feststellen. Sie war innerhalb weniger Minuten verblutet.

Das sachzusammenhängende Gerichtsverfahren fand im Dezember 2018 statt. Das Gericht stellte keinen Tötungsvorsatz fest. Daher wurde der Todesschütze wegen fahrlässiger Tötung zu einer Freiheitsstrafe von drei Jahren und zehn Monaten verurteilt. Der ehemalige Beamte der Bundespolizei wurde wegen Fahrlässiger Tötung und eines Verstoßes gegen das Waffengesetz zu einer Bewährungsstrafe von zwei Jahren sowie einer Geldauflage von 3000 Euro verurteilt.

Polizeibeamten/Polizeibeamtinnen ist es grundsätzlich erlaubt, ihre Dienstwaffen mit nach Hause zu nehmen. Allerdings muss sie dann sicher i. S. d. Waffengesetzes und der innerdienstlichen Vorgaben aufbewahrt werden. Waffe und Munition sind getrennt zu lagern. Kann eine sichere Lagerung im eigenen Haushalt nicht sichergestellt werden, ist die Dienstwaffe bei einer Polizeidienststelle zu lagern. Während des Urlaubs oder während einer Erkrankung darf die Dienstwaffe ebenfalls nicht zu Hause aufbewahrt werden. Außerdem verbietet sich beim Führen der Waffe jeglicher Alkoholkonsum.

Jedem Polizeibeamten/jeder Polizeibeamtin ist daher strikt zu raten, die Dienstwaffe vorschriftsmäßig und sicher aufzubewahren oder diese bei einer Polizeidienststelle einzulagern. Alkoholkonsum und das Führen einer Waffe schließen sich aus! Darüber hinaus sollte sich jeder Beamte/jede Beamtin regelmäßig mit den zehn goldenen Regeln zum Umgang mit Schusswaffen und Munition vertraut machen. Diese sind unbedingt zu beachten!

14

Der wohlverdiente Ruhestand

Der Ruhestand scheint manchmal für den Dienstherrn überraschend zu kommen, obwohl das Datum des Endes der aktiven Dienstzeit schon lange vor dem Eintritt in den Ruhestand feststeht. Für die Polizeibeamten/Polizeibeamtinnen der meisten Länder und des Bundes wurde die aktive Dienstzeit – ähnlich wie bei den Rentenempfängern – bereits verlängert [1]. Früher erfolgte der Eintritt in den Ruhestand für Polizeivollzugsbeamte regelmäßig mit 60 Lebensjahren. Dies ist jetzt nur noch in den Ländern Hamburg und Sachsen-Anhalt der Fall. In allen anderen Ländern und beim Bund gibt es Dienstzeitverlängerungen. Diese wurden für bestimmte Geburtsjahrgänge mit Übergangsregelungen eingeführt und sind in einigen Ländern auch von der Laufbahnzugehörigkeit abhängig. Teilweise werden eine lange Dienstzeit im Wechselschichtdienst oder in Spezialeinheiten angerechnet, um abschlagsfrei früher in den Ruhestand einzutreten.

© Springer Fachmedien Wiesbaden GmbH, ein Teil von Springer Nature 2020
N. Bernstein, *Der Anti-Stress-Trainer für Polizisten*, Anti-Stress-Trainer, https://doi.org/10.1007/978-3-658-12475-5_14

Für den Einzelnen ist es wichtig, sich mental und auch organisatorisch auf seinen/ihren Ruhestand vorzubereiten. Einigen Polizisten/Polizistinnen fällt es schwer, den Beruf loszulassen. Eine gewisse Anzahl von Polizisten/Polizistinnen aller Laufbahnen entscheidet sich sogar dazu, die Dienstzeit zu verlängern. Die Motive hierfür können sehr unterschiedlich sein. Von Spaß am Beruf über finanzielle Notwendigkeiten bis hin zum jüngeren Lebensalter des Ehepartners kann die Bandbreite reichen.

Andere Beamte/Beamtinnen wiederum haben konkrete Vorstellungen für ihren bevorstehenden nächsten Lebensabschnitt. Hierzu gehören häufig die Dinge, für die in der aktiven Dienstzeit kein zeitlicher Raum war, wie weite Reisen oder das Frönen von Hobbys. Manch einer wird auch darüber nachdenken, sich aus seinem bisherigen Wohnumfeld zu lösen und das Wohneigentum zu veräußern. Aus dem Erlös in Verbindung mit der Pension kann dann in einer neuen Region oder gar in einem neuen Land der neue Lebensabschnitt beginnen. Die Menschen sind diesbezüglich sehr verschieden: Einige hängen an ihren materiellen Dingen, und andere können sich davon so weit lösen, dass sie sich auf einen Koffer reduzieren, mit dessen Inhalt sie den Neuanfang an anderer Stelle wagen.

Zu bedenken ist, dass der Ruhestand zu neuen Tagesabläufen in der Partnerschaft/Ehe führen kann. Das hängt davon ab, ob beide Partner/Partnerinnen berufstätig sind, und vom Altersunterschied. Waren beide Partner/Partnerinnen berufstätig und geht dann einer deutlich vor dem anderen in den Ruhestand, so kann dies zu einer neuen Aufgabenverteilung im Haushalt führen. Viele Pensionäre/Pensionärinnen freuen sich darauf, mehr Zeit für Enkelkinder zu haben. Allerdings sollten hier auch rechtzeitig Grenzen mit Kindern und Schwiegerkindern abgeklärt werden.

In Bezug auf Versicherungen – insbesondere bei der Krankenversicherung – sind möglicherweise auch Veränderungen erforderlich. Das hängt von dem Versicherungsstatus während der aktiven Dienstzeit ab. In einigen Polizeien sind die Beamten/Beamtinnen privat krankenversichert, in anderen Polizeien haben sie eine Absicherung über die Heilfürsorge, und Ehepartner sind beihilfeberechtigt. Diesbezüglich ist es notwendig, sich eingehend zu informieren und alle notwendigen Regelungen zu treffen.

> Wichtig ist, sich rechtzeitig, eingehend und positiv sowie gemeinsam mit der Familie (sofern vorhanden) auf den neuen Lebensabschnitt Ruhestand vorzubereiten.

Bei frischen Pensionären/Pensionärinnen ist häufig die Neigung da, in den Tag hinein zu leben. Über einen begrenzten Zeitraum mag dies angenehm sein, jedoch ist dies auf Dauer für die meisten Menschen nicht erfüllend und kann zu Langeweile und schließlich Frustration führen.

> Der Ruheständler/die Ruheständlerin sollte sich möglichst schnell einen geregelten Tagesablauf geben.

Das Bestreben sollte sein, sich als Pensionär/Pensionärin gesund zu erhalten und Freude am Leben zu haben. Es gibt viel Interessantes und Schönes zu entdecken! Da sollte jeder seine Vorstellungen entwickeln und umsetzen.

Literatur

1. Zweiter Bericht der Bundesregierung zur Anhebung der Altersgrenzen von Beamtinnen und Beamten und Richterinnen und Richtern des Bundes, Drucksache 18/11117 vom 06.02.2017

15

Polizeibeauftragte(r)

Für die Bundeswehr gibt es im Deutschen Bundestag den Wehrbeauftragten. Er ist ein unabhängiges Organ und kann sowohl von den Soldaten/Soldatinnen und Mitarbeitern/Mitarbeiterinnen der Bundeswehr als auch von Bürgern/Bürgerinnen angerufen werden. Eingaben werden unabhängig geprüft und es gibt einen regelmäßigen Bericht des Wehrbeauftragten.

Nach diesem Vorbild gibt es in einigen Bundesländern bereits einen unabhängigen Polizeibeauftragten/eine Polizeibeauftragte, die Eingaben von Polizeibeamten/Polizeibeamtinnen und Beschäftigten der Polizei aber auch von Bürgern/Bürgerinnen unabhängig prüft. Der Korpsgeist der Polizei wird von Außenstehenden als etwas Verhinderndes betrachtet. Gerade bei Kritik oder Beschwerde besteht der Eindruck, dass kein echter Aufklärungswille in der Organisation vorhanden ist und vielmehr versucht wird, die möglichst objektive Aufklärung einer Beschwerde

© Springer Fachmedien Wiesbaden GmbH, ein Teil von Springer Nature 2020
N. Bernstein, *Der Anti-Stress-Trainer für Polizisten*, Anti-Stress-Trainer,
https://doi.org/10.1007/978-3-658-12475-5_15

zu verhindern. Von Außenstehenden wird die ausgeprägte Hierarchie in der Polizei gleichfalls als problematisch betrachtet, da auch dieser hierarchischen Organisation unterstellt wird, eine nach außen transparente Aufklärung von Sachverhalten zu unterbinden. Um diesen Annahmen entgegenzuwirken, wurde das Institut des Polizeibeauftragten/der Polizeibeauftragten in einigen Ländern losgelöst aus der polizeilichen Struktur und mit einer Berichtspflicht an das Länderparlament eingerichtet. Dadurch soll das Vertrauen der Bürger in eine solche Institution gestärkt werden.

Beispielhaft sollen hier auf der Länderebene Rheinland-Pfalz und Schleswig-Holstein genannt werden.

Rheinland-Pfalz übernahm bereits im Jahr 1974 mit der Schaffung eines/einer Bürgerbeauftragten eine bundesweite Vorreiterrolle. Im Jahr 2014 wurde das Landesgesetz über den Bürgerbeauftragten des Landes Rheinland-Pfalz und den Beauftragten für die Landespolizei in Kraft gesetzt. Damit hat Rheinland-Pfalz ein weiteres Mal eine Vorreiterrolle in Deutschland übernommen. Der/die Beauftragte für die Landespolizei nimmt seine Aufgabe als Hilfsorgan des Landtags bei der Ausübung parlamentarischer Kontrolle wahr. In der Ausübung dieses Amts ist er unabhängig, weisungsfrei und nur dem Gesetz unterworfen. Der/die Bürger- zgl. Polizeibeauftragte wird vom Landtag in geheimer Wahl ohne Aussprache gewählt und erstattet diesem jährlich einen schriftlichen Tätigkeitsbericht. Seit der Einrichtung der Beauftragung im Jahr 2014 wurden (Stand Jahresbericht 2017/2018 [1]) mehr als 500 Anliegen von Bürgern/Bürgerinnen und Polizisten/Polizistinnen bearbeitet.

In Schleswig-Holstein trat am 1. Oktober 2016 das „Gesetz über die Bürgerbeauftragte oder den Bürgerbeauftragten für soziale Angelegenheiten des Landes Schleswig-Holstein und die Beauftragte oder den Beauftragten für die

Landespolizei Schleswig-Holstein (Bürger- und Polizeibe-
auftragtengesetz – BüPolBG)" in Kraft [2]. Danach ist die
oder der Beauftragte für die Landespolizei in der Ausübung
dieses Amts unabhängig, weisungsfrei und nur dem Gesetz
unterworfen. Die oder der Beauftragte für die Landespolizei erstattet dem Landtag ab dem zweiten Jahr nach Aufnahme ihrer oder seiner Tätigkeit jährlich Bericht. Das Gesetz regelt weiterhin u. a. die Zuständigkeitsfragen und
Verfahrensweisen. Der erste Tätigkeitsbericht wurde noch
nicht veröffentlicht. Im Internet und in sozialen Netzwerken sind leicht auffindbar Informationen zur Bearbeitung
von Eingaben veröffentlicht.

Weitere Bundesländer haben zwischenzeitlich ebenfalls
Beauftragungen nach vergleichbaren Regularien eingerichtet.

Am 27. Mai 2015 richtete die Bundespolizei ihre Vertrauensstelle ein. Diese ist unmittelbar beim Präsidenten
des Bundespolizeipräsidiums organisatorisch angebunden
und damit nicht unabhängig von der Organisation. Sie
kann sowohl von Bürgern/Bürgerinnen als auch von Mit-
arbeitern/Mitarbeiterinnen der Bundespolizei unmittelbar
kontaktiert werden. Die Vertrauensstelle kann den Einge-
benden die Vertraulichkeit zusagen. Bei der Vertrauensstelle
der Bundespolizei gingen im Jahr 2018 insgesamt 84 Eingaben und im Jahr 2019 bisher (Stand Mai 2019) 40 Eingaben ein [3].

Auf der Bundesebene gab es im Jahr 2016 [4] und im
Jahr 2019 [5] jeweils einen Gesetzentwurf für die Einrichtung eines unabhängigen Bundespolizeibeauftragten beim
Deutschen Bundestag. Dieser soll für die Bundespolizei,
das Bundeskriminalamt, die Bundeszollverwaltung und die
Polizei beim Deutschen Bundestag zuständig sein. Die Einrichtung eines Bundespolizeibeauftragten wird – auch seitens der Gewerkschaften – kritisch diskutiert.

Literatur

1. Tätigkeitsbericht der Bürgerbeauftragten des Landes Rheinland-Pfalz der Beauftragten für die Landespolizei 2017/2018
2. Gesetz- und Verordnungsblatt für Schleswig-Holstein 2016, Ausgabe Nr. 14 vom 8. September 2016 Seite 682 ff
3. Deutscher Bundestag, 19. Wahlperiode, Drucksache 19/10514 vom 29.05.2019
4. Deutscher Bundestag, 18. Wahlperiode, Drucksache 18/7616 vom 19.02.2016
5. Deutscher Bundestag, 19. Wahlperiode, Drucksache 19/7928 vom 20.02.2019

Printed in the United States
By Bookmasters